LINGUÍSTICA APLICADA AO PORTUGUÊS: morfologia

Obra em conformidade ao NOVO ACORDO da Língua Portuguesa

Dados Internacionais de Catalogação na Publicação (CIP)
(Câmara Brasileira do Livro, SP, Brasil)

Souza-e-Silva, Maria Cecília P. de
Linguística aplicada ao português : morfologia / Maria Cecília P. de Souza-e-Silva, Ingedore Villaça Koch. — 18. ed. — São Paulo : Cortez, 2012.

Bibliografia.
ISBN 978-85-249-1683-0

1. Linguística estrutural 2. Português — Morfologia I. Koch, Ingedore Grunfeld Villaça. II. Título.

11-00888 CDD-469.5

Índices para catálogo sistemático:

1. Morfologia : Português : Linguística 469.5

Maria Cecília P. de Souza-e-Silva
Ingedore Villaça Koch

LINGUÍSTICA APLICADA AO PORTUGUÊS: morfologia

18ª edição
3ª reimpressão

CORTEZ EDITORA

LINGUÍSTICA APLICADA AO PORTUGUÊS: morfologia
Maria Cecília Pérez de Souza-e-Silva
Ingedore Grunfeld Villaça Koch

Capa: aeroestúdio
Revisão: Elisabeth Matar
Composição: Linea Editora Ltda.
Coordenação editorial: Danilo A. Q. Morales

Direitos para esta edição
CORTEZ EDITORA
Rua Monte Alegre, 1074 – Perdizes
05014-001 – São Paulo – SP
Tel.: (11) 3864-0111 Fax: (11) 3864-4290
E-mail: cortez@cortezeditora.com.br
www.cortezeditora.com.br

Impresso no Brasil – fevereiro de 2018

de Cecília para Marcio

de Inge para Luiz

Sumário

Prefácio

Muitas obras linguísticas sobre o Português têm sido publicadas nos últimos dez anos, no Brasil e em Portugal, mas a maioria é constituída de pesquisas linguísticas originais — várias teses de mestrado e doutorado — e, portanto, de cunho mais científico do que didático.

Ao contrário do que ocorre em outros países, essa literatura não foi acompanhada, a menos de raras exceções, de um trabalho de divulgação a nível do professor de Português, e muito menos de trabalhos de cunho didático, isto é, de manuais para uso do aluno.

Tal tipo de manual é um instrumento introdutório necessário para a leitura de textos de caráter científico, além de constituir-se em instrumento avaliador da potencialidade didática das descrições teóricas propostas na literatura.

O presente trabalho, das professoras Maria Cecília Pérez de Souza-e-Silva e Ingedore Villaça Koch, insere-se nessa tarefa de processamento pedagógico das pesquisas linguísticas. Professoras de Morfo-Sintaxe do Português, na graduação, há muitos anos, estão altamente qualificadas, pela formação linguística que têm e pelo conhecimento próximo do aluno desse nível, a fornecer-lhe um "input" compreensível, sem o qual, sabemos, não há aprendizagem significativa.

Ao iniciarem essa tarefa, na área de Morfologia, com base na obra de Mattoso Câmara, para depois prosseguirem com tratamentos mais recentes, as autoras preocuparam-se não em seguir o "dernier cri", mas em apresentar didaticamente uma descrição que vem resistindo ao teste do tempo, motivo por que a obra de Mattoso Câmara constitui hoje um clássico da Linguística portuguesa.

Apesar da fidelidade à obra de Mattoso, as autoras não deixaram de contribuir com suas intuições e com suas referências e comparações com a gramática tradicional.

Esperamos que trabalhos como este possam multiplicar-se para preencher as lacunas bibliográficas de cursos introdutórios à Linguística do Português.

São Paulo, janeiro de 1983

Mary A. Kato

Nota introdutória

De acordo com Mattoso Câmara Jr., cabe à linguística pura ou teórica a descrição das estruturas das diferentes línguas e à linguística aplicada, a adequação dessa descrição ao ensino.

Como professoras da disciplina Morfo-Sintaxe do Português, na PUC-SP sentimos desde logo a necessidade de adequação da descrição teórica ao nível de conhecimento e às necessidades pedagógicas do aluno recém-ingresso na universidade. Nosso trabalho se concretizou, em um primeiro momento, na elaboração assistemática de alguns textos e, finalmente, na produção deste livro didático cujo objetivo fundamental é o de servir de introdução ao estudo da Morfologia.

Daí termos escolhido a obra já clássica de Mattoso Câmara, mais especificamente **A estrutura da língua portuguesa**, como ponto de partida para uma fase de publicações de cunho didático.

Seguimos também a orientação estruturalista, fundamental para a aprendizagem das correntes linguísticas posteriores e procedemos, ainda, a uma abordagem sincrônica, tomando por base, no entanto, a modalidade escrita, com o intuito de obter uma descrição mais uniforme, capaz de atingir os estudantes universitários de todo o Brasil, sem os percalços oferecidos por uma descrição fundamentada na linguagem oral.

Embora seguindo de perto as colocações do autor, em alguns momentos adotamos posições divergentes, sugerindo novas alternativas na solução de determinadas questões. Acrescentamos também algumas contribuições próprias, como o capítulo referente à estrutura e formação dos vocábulos, assunto que, na obra de Mattoso, encontra-se apenas de modo embrionário; excluímos o capítulo sobre os pronomes, cujo tratamento julgamos mais adequado em uma obra que trate da sintaxe do enunciado e, especialmente, da sintaxe do discurso.

Nosso livro tem, portanto, a seguinte organização: no Capítulo 1, encontra-se uma breve revisão dos princípios básicos da linguística estrutural pertinentes para o desenvolvimento dos capítulos posteriores.

No Capítulo 2, explicitamos os princípios da análise mórfica e classificamos os diferentes tipos de morfemas existentes em Português; no Capítulo 3, mostramos como se estruturam os vocábulos e como se processam as formações vocabulares.

O Capítulo 4 é dedicado à flexão nominal de gênero e número; na parte referente ao gênero, propusemos uma nova classificação com base nos tipos de morfemas. No que diz respeito ao número, adotamos uma posição parcialmente diferente, na medida em que, ao contrário do autor, não estamos pressupondo a existência de algumas formas teóricas em que esteja presente a vogal temática.

No Capítulo 5, caracterizamos rapidamente as noções gramaticais expressas através da flexão verbal e passamos à descrição do padrão geral e de seus desvios, os quais, por apresentarem uma organização imanente, passam a constituir um outro padrão denominado especial.

Cada um dos capítulos é seguido de exercícios diversificados, visando à melhor fixação dos assuntos tratados. Nesta parte, bem como na leitura crítica da obra, contamos com a competente colaboração da colega Laís Furquim de Azevedo, a quem, de público, registramos nosso reconhecimento.

Linguística Aplicada ao Português: Morfologia pretende, pois, atingir professores e estudantes que atuam no campo da ciência da linguagem, bem como aqueles que, sem interesse profissional específico, se interessem por uma informação acessível nesse domínio.

1

Revisão dos princípios básicos do estruturalismo

Até fins do século XVIII, os estudos linguísticos eram baseados na gramática greco-latina, que partia de princípios lógicos e através deles procurava deduzir os fatos da linguagem e estabelecer normas de comportamento linguístico. Pressupunha-se uma fixidez da língua; consequentemente, as descrições gramaticais tinham um caráter essencialmente normativo e filosófico.[1]

Contra essa concepção estática, os estudiosos da linguagem rebelaram-se no século passado, enfatizando então a mudança incessante da língua, através de um processo dinâmico e coerente.

Originaram-se, assim, a gramática comparativa e a linguística histórica: a primeira, comparando entre si os elementos de línguas distintas com o objetivo de depreender-lhes as origens comuns e de reconstituir a protolíngua de que se originaram e a segunda, procurando explicar a formação e evolução das línguas. As mudanças linguísticas eram consideradas como fenômenos naturais em contraposição à fixidez preconizada pela gramática greco-latina.

Ainda no fim do século XIX e começo do século XX, embora dominasse o ponto de vista histórico-comparativo, alguns linguistas já se preocupavam com a ideia de que, ao lado de um estudo evolutivo da língua, deveria haver também um estudo sincrônico ou descritivo. Quem realmente rompeu com a visão historicista e atomista dos fatos linguísticos foi F. de Saussure, ao conceituar a língua como sistema e ao preconizar o estudo descritivo desse sistema. Nasce, assim, o estruturalismo como método linguístico.

Saussure foi quem definiu, pela primeira vez, e com maior clareza, o objeto da linguística "stricto sensu", isto é, a *língua*. Considerando a linguagem como um fenômeno unitário no qual os vários elementos se inter-relacionam, o autor estabeleceu, do ponto de vista metodológico, dicotomias básicas (língua/fala, sincronia/diacronia, sintagma/paradigma) em função das quais se criaram escolas e teorias mais recentes.

1.1 Língua e fala

A *língua* é ao mesmo tempo um sistema de valores que se opõem uns aos outros e um conjunto de convenções necessárias adotadas por uma comunidade linguística para se comunicar. Ela está depositada como produto social na mente de cada falante de uma comunidade, que não pode nem criá-la, nem modificá-la. Assim delimitada, ela é de natureza homogênea.

A *fala* é a realização, por parte do indivíduo, das possibilidades que lhe são oferecidas pela língua. É, portanto, um ato individual e momentâneo em que interferem muitos fatores extralinguísticos e no qual se fazem sentir a vontade e a liberdade individuais. Apesar de reconhecer a interdependência entre *língua* e *fala*, Saussure considerava como objeto da linguística a *língua* (por seu caráter homogêneo), procurando entendê-la e descrevê-la do ponto de vista de sua estrutura interna.

De acordo com A. Martinet (1960), a oposição entre *língua* e *fala* pode também exprimir-se em termos de *código* e *mensagem*: o código representa a organização que permite enunciar a mensagem, e a mensagem limita-se a concretizar a organização do código.

Um dos princípios essenciais propostos por Saussure é a definição da *língua* como um sistema de *signos*[2] e de leis combinatórias. O autor ilustra essa ideia através de uma comparação com o jogo de xadrez: se substituirmos as peças de madeira por peças de marfim, a troca é indiferente, mas se diminuirmos ou aumentarmos o número de peças, essa mudança atinge a gramática do jogo... O valor respectivo das peças depende de sua posição sobre o tabuleiro, da mesma forma que, na língua, cada termo tem seu valor por oposição a todos os outros termos (Saussure, 1967).

1.2 Sincronia e diacronia

Embora a linguística histórica do século XIX tenha reconhecido a especificidade dos estudos diacrônicos,

Saussure foi o primeiro linguista a estabelecer uma distinção nítida entre *sincronia* e *diacronia*.

A fim de melhor salientar a diferença entre os dois pontos de vista, o autor traçou dois eixos, um horizontal (A — B) e outro perpendicular (C — D), representando o primeiro, o eixo das simultaneidades, ou seja, a *sincronia*, e o segundo, o eixo das sucessividades, ou seja, a *diacronia*.

O eixo das *simultaneidades* representa relações entre fenômenos existentes, das quais se exclui toda a intervenção do tempo. A língua é considerada como um conjunto de fatos estáveis, estudados como elementos de um sistema que funciona num determinado momento do tempo.

O eixo das *sucessividades* representa os fenômenos que foram se modificando numa sucessão no tempo; tais fenômenos não são isolados, mas acarretam modificações no sistema, determinando a passagem de um estado de língua a outro.

Do ponto de vista metodológico, Saussure reivindicou a autonomia para a pesquisa sincrônica, utilizando a imagem já citada do jogo de xadrez. Durante uma partida, a disposição das peças muda a cada lance, mas em cada um deles a disposição pode ser inteiramente descrita a partir da posição em que se encontra cada peça. Pelo andamento do jogo, num momento dado, não é necessário saber quais foram os lances jogados anteriormente, em que ordem eles se sucederam: o estado particular da partida e a disposição das peças podem ser descritos sincronicamente, isto é, sem nenhuma referência aos lances anteriores. O mesmo ocorre com as línguas: elas se modificam constantemente, mas podemos explicar o estado em que elas se encontram num momento dado (Saussure, 1967). Por exemplo, o futuro do presente e do pretérito se constituíram pela combinação do infinitivo do verbo principal mais uma modalidade do *indicativo presente* e *pretérito imperfeito* do verbo *haver* funcionando como auxiliar. A explicação diacrônica nos dá, pois, cantar(h)ei, cantar(h)ia. No entanto, do ponto de vista sincrônico, essa aglutinação tornou-se obscura mediante uma nova distribuição de constituintes que nos permite descrevê-los como marcados pelas desinências modo-temporais /-re/ e /-ria/, sem qualquer referência à sua evolução.

1.3 Sintagma e paradigma

As unidades linguísticas relacionam-se umas às outras de dois modos distintos. Por um lado, temos as relações *sintagmáticas* que ocorrem dentro do enunciado e que são diretamente observáveis (relações "in praesentia"). Tais relações decorrem do caráter linear e temporal da linguagem humana.

Por outro lado, temos as relações entre unidades capazes de figurar num mesmo contexto e que, pelo menos nesse contexto, se excluem mutuamente. Essas relações decorrem do fato de um elemento poder figurar em lugar de outro, em um dado contexto, mas não simultaneamente. Denominam-se *paradigmáticas* e ocorrem com os elementos que não estão presentes no discurso (relações "in absentia"). Os paradigmas consistem em inventários de elementos linguísticos, agrupados de acordo com critérios preestabelecidos.[3]

Considerando-se a frase:

"O PMDB propõe coalizão"

PDT união

PTB junção

as relações entre *propõe* e seus vizinhos contextuais *PMDB* e *coalizão* são sintagmáticas. Nessa mesma frase existem, em cada ponto, possibilidades de substituição: *PDT, PTB,* por exemplo, podem figurar no mesmo contexto de *PMDB;* o mesmo sucede com os substantivos *união* e *junção,* suscetíveis de aparecer no lugar de *coalizão.*

As dicotomias saussureanas têm sido objeto de várias interpretações e críticas que são importantes para a complementação desta exposição, mas dispensáveis para a compreensão da análise descritiva a que nos propomos.

1.4 A dupla articulação da linguagem

A dupla articulação,[4] na hipótese funcionalista de A. Martinet, consiste em uma organização específica da linguagem humana, segundo a qual todo enunciado se articula[5] em dois planos. No primeiro plano, ou primeira articulação, o enunciado divide-se linearmente em unidades significativas: frases vocábulos e *morfemas.* Assim, o enunciado *Nós falávamos bem,* articula-se, isto é, divide-se em três vocábulos: *nós-falávamos-bem.* Enquanto *nós* e *bem* são indivisíveis em unidades menores, *falávamos* decompõe-se em quatro morfemas *fal - á - va - mos*. Cada uma dessas unidades significativas[6] pode, no mesmo ambiente, ser substituída por outras no eixo paradigmático $\left\{\begin{matrix} \text{nós} \\ \text{eu} \\ \text{vocês} \end{matrix}\right\}$ ou pode, num ambiente diferente, achar-se combinada no eixo sintagmático: *Nós* chegamos. Dirigiu-se a *nós*. Falou sobre *nós* calmamente.

No segundo plano, ou segunda articulação, cada morfema, por sua vez, se articula em unidades menores desprovidas de significado: os *fonemas*, de número limitado em cada língua. Assim, o morfema *nós*, divide-se em três fonemas /n/ /ó/ /s/, cada um dos quais pode ser substituído por outros no mesmo ambiente **/v/** /ó/ /s/, /v/ **/á/** /s/ ou combinar-se com outros para formar um morfema diferente: a*n*o, *n*ão.

A dupla articulação evita sobrecarga da memória e permite economia de esforços na produção e compreensão da linguagem verbal; sem ela, seria preciso recorrer a morfemas e fonemas diferentes para designar cada nova experiência.

A terminologia usada para designar as unidades de primeira articulação varia muito. A. Martinet designa-as *monemas*, distinguindo, ainda, os *lexemas*, monemas que se situam no léxico e *morfemas*, os que se situam na gramática. Já a linguística norte-americana, de modo geral, denomina os monemas de morfemas, distinguindo os morfemas *lexicais* /*cant-*/ dos gramaticais /*-a-*/ /*-va*/, terminologia que adotaremos neste texto.

1.5 Descritivo e normativo

A partir de Saussure, os estudos linguísticos concentraram-se no estudo do mecanismo pelo qual uma dada língua funciona como meio de comunicação entre os seus falantes e na descrição da estrutura que a caracteriza.

A abordagem *descritiva* fica melhor caracterizada em oposição à *normativa*. A primeira explicita, enumera e classifica a estrutura das frases, dos morfemas que constituem as frases, dos fonemas que constituem os morfemas e das regras de combinação dessas diferentes unidades. Trata-se de um trabalho de definição, classificação, interpretação e não de julgamento ou legislação. A última procura prescrever as normas, discriminando os padrões linguísticos e elegendo um deles como de "bom uso", muitas vezes a partir de critérios de ordem social e não linguística. Ao longo dos anos, as gramáticas normativas foram estabelecendo preceitos avaliativos, isto é, instruções que muitas vezes se resolvem em *diga x*, não *diga y*.

Frente a essa distinção, uma questão tem sido colocada com frequência: deve a gramática normativa ser abandonada? Pensamos, como Mattoso Câmara Jr. (1975), que a falha não está no fato de as gramáticas serem prescritivas, mas sim no de basearem-se em descrições inadequadas e falsas. Cabe à linguística descritiva descrever os padrões em uso nos quais a gramática normativa possa basear-se, de tal modo que a norma não seja uniforme e rígida, mas se mostre elástica e contingente, adaptando-se às diferentes situações.

Este trabalho visa contribuir no sentido de se atingir tal objetivo, apresentando uma descrição sincrônica da estrutura morfológica do Português em sua modalidade escrita.

NOTAS

1. As gramáticas do Português, seguindo a orientação da época, limitavam-se, de modo geral, a apresentar normas para, bem falar e bem escrever.

2. Entende-se por *signo* linguístico, conforme Saussure, um conjunto formado de duas partes: uma perceptível, o *significante* ou *imagem acústica* e uma inteligível, o *significado*. O significante é o complexo sonoro audível que encerra o significado ou conceito.

Ex.: "cravo" — significante: /Kravu/
— significado: a ideia da flor que o complexo sonoro desperta no ouvinte e no falante, quando se produz esta combinação de sons.

O signo é o resultado da união entre um significante e um conceito e não entre uma coisa e um nome.

3. Os critérios para os agrupamentos paradigmáticos podem ser *morfológicos* (por ex. as classes de palavras), sintáticos (por ex. as funções gramaticais), semânticos (por ex. as sinonímias e antonímias) etc.

4. Este item 1.4, referente à dupla articulação, foi calcado em Dubois, Jean (1973, p. 67 e 68).

5. Articulação significa, também, em linguística, o ato de produzir os sons da fala através do aparelho fonador.

6. O conceito de unidades mínimas significativas apoia-se no fato de não serem possíveis outros desmembramentos, sob pena de os segmentos não terem significado na estrutura em exame.

EXERCÍCIOS

Bloco 1

1. Imagine uma situação em que haja quatro jogadores, pedras de seis cores diferentes e as seguintes regras obrigatórias e opcionais:
   a) combine sempre para a direita as pedras azuis e as amarelas;
   b) pode-se intercalar entre a pedra azul e a amarela, pedras verdes e vermelhas, desde que elas sejam colocadas sempre juntas;
   c) as pedras verdes e vermelhas podem ser substituídas por cinzas e laranjas.
2. Imagine as seguintes jogadas e verifique quais dos jogadores seguiram as regras estabelecidas:
   a) o jogador *A* não põe entre a pedra azul e a amarela as pedras verdes e vermelhas;
   b) o jogador *B* põe uma pedra amarela entre a verde e a vermelha;
   c) o jogador *C* combina pedras azuis com amarelas à esquerda;
   d) o jogador *D* põe uma pedra amarela ao lado direito de uma azul, intercalando pedras cinzas e laranjas.
3. Estabeleça agora um paralelo entre o jogo e as noções linguísticas de *língua* e *fala*: o que corresponde, na descrição acima, à *língua*? E *à fala*?

Bloco 2

Distinga e justifique, nas afirmações a seguir, as noções linguísticas em jogo (sincronia — diacronia; sintagma — paradigma) e a abordagem (normativa ou descritiva) utilizada pelo autor:

1. "Na fala popular do Rio de Janeiro, há uma tendência para a supressão das semivogais de certos ditongos... Consideremos em primeiro lugar os ditongos crescentes. Há um grupo de palavras para as quais é grande a tendência à redução do ditongo:

Padrão	*Popular*
paciência	paciença
polícia	poliça
salário	salaro
contrário	contraro
armário	armaro
edifício	edifiço
escritório	escritóro
anúncio	anunço"

(Lemle, Miriam. Heterogeneidade dialetal: um apelo à pesquisa linguística e ensino do vernáculo. *Tempo Brasileiro*, n. 53/54, p. 57, 1978).

2. "O infinitivo pessoal emprega-se obrigatoriamente num só caso: quando tem sujeito próprio, distinto do sujeito da oração principal" (Rocha Lima, 1974, p. 429).
3. O pronome *eu* é empregado na língua como sujeito de um verbo. Em qualquer outra função é substituído por

me (objeto direto e indireto) não precedido de preposição ou por *mim*, se for precedido de preposição.

4. "Quanto à colocação ou procedência dos pronomes na frase, é de boa norma, não propriamente gramatical, mas de distinção e elegância, dar prioridade à primeira (eu), quando se trate de alguma coisa menos agradável, ou que importe responsabilidade, ou, ainda, nas manifestações de autoridade e hierarquia; em caso contrário, por modéstia e delicadeza, a primeira pessoa, a que fala, coloca-se em último lugar..." (Rocha Lima, 1974, p. 310).
5. "Na linguagem arcaica, era frequente o uso das formas tônicas do objeto indireto em função objetiva direta" (Rocha Lima, 1974, p. 302).
6. "Como é sabido, o plural, em *-aeis*, *-eis (= ees)*, *-is (= iis ou fies)*, *-oes* e *-ues* dos nomes terminados em *-al*, *-el*, *-il*, *-ol*, *-ul* é devido à queda do / intervocálico; a terminação *-files* deu, quando tônica, *-fies*, que passou para *-iis* e depois se reduziu a *-is*, e, quando átona, *-ees*, que mais tarde, por dissimilação ou devido ao lugar ocupado pelo último *e*, se tornou em *-eis*, evolução que igualmente sofreu a tônica *-e/es*..." (Nunes, J. J. *Compêndio de gramática histórica portuguesa (fonética e morfologia)*. Lisboa: Livraria Clássica Editora, 1945. p. 236 e 237).
7. "Posto que a instituição dos oráculos e agouros estivesse morta desde muito tempo, perdurou na era medieval, e ainda na idade moderna, a crença de que o êxito dos atos humanos dependia da hora em que eram empreendidos. Daí o costume de se acrescentar a frases optativas ou imperativas, por sinceridade, ou mera cortesia, a locução em boa hora... Fundiu o uso as três palavras em

uma só, *embora*, sendo adotada sem o mínimo escrúpulo pela linguagem literária. Tornou-se usual acompanhar a forma imperativa de *ir* e *vir* dos votos de bom êxito. Esta noção, compreendida no advérbio *embora*, desluziu-se da consciência hodierna, que confusamente descarrega nele o conceito de *afastamento* como se os verbos não dissessem já a mesma coisa" (Ali, M. S. *Gramática histórica da língua portuguesa*. São Paulo, Melhoramentos, 1971).

Bloco 3

Aplique nos exercícios abaixo, as noções linguísticas estudadas neste capítulo:

1. A palavra *estudantes* pode ser dividida de duas formas, de acordo com o princípio da dupla articulação da linguagem. Quantos segmentos teria, se subdividida em unidades de primeira articulação? E em unidades de segunda articulação? Responda às mesmas questões a respeito das palavras:
   a) linguística;
   b) indiretamente;
   c) possibilidade;
   d) significativas.
2. Construa conjuntos de palavras que se agrupem por paradigmas de acordo com os seguintes critérios:
   a) semântico: palavras que indicam ação, estado, sentimento;

b) sintático: termos que exercem as funções de *sujeito, objeto e modificador*;

c) morfológico: elementos gramaticais que ocorrem como: prefixos, sufixos formadores de nomes, sufixos formadores de adjetivos.

3. Determine os critérios que possibilitaram os agrupamentos obtidos nas colunas A e B; em seguida, combine de modo diferente as palavras de cada uma delas, indicando os critérios utilizados.

A	B
teatro	automóvel
tróleibus	cinema
testemunha	advogado

4. Observando as relações sintagmáticas, construa três frases, utilizando elementos pertencentes às classes gramaticais indicadas:

a) dois substantivos, um artigo e um verbo;

b) três substantivos, dois artigos, uma preposição e um verbo;

c) um substantivo, um artigo, um adjetivo e um verbo.

5. Complete o vazio com outros contextos:

sui - cida	com - portar	com - portar
cida	com	portar
cida	com	portar

6. No texto abaixo, procure detectar os paradigmas seguintes:

a) de palavras relacionadas à religiosidade;

b) de termos que exprimam oposição de ideias;

c) de elementos gramaticais indicadores de oposição ou contraste entre outros elementos pertencentes aos diversos paradigmas da língua:

"Pequei Senhor: mas não porque hei pecado

De vossa alta clemência me despido

Porque, quanto mais tenho delinguido

Vos tenho a perdoar mais empenhado"

(Guerra, Gregório de Mattos. Obra Sacra n. 1 — A Jesus Cristo Nosso Senhor. In: *A literatura brasileira através de textos*. Massaud Moisés. São Paulo: Cultrix, 1971. p. 4).

2

Princípios da análise mórfica

2.1 O vocábulo formal

Mattoso Câmara Jr., baseando-se em Bloomfield (1933, p. 160), define o vocábulo morfológico ou formal em Português, tendo em vista o seu funcionamento a nível de frase. De acordo com o linguista norte-americano, as unidades formais de uma língua são *livres* e *presas*. As primeiras constituem uma sequência que pode funcionar isoladamente como comunicação suficiente, conforme *livros* no enunciado: "O que você vai revender?" "*Livros*". As formas *presas* só funcionam ligadas a outras, como o prefixo *re* em *revender* e a marca de plural em livro-*s*. O *vocábulo formal* ou *morfológico* apresenta-se, então, como a unidade a que se chega quando não é possível nova divisão em duas ou mais formas livres.

De modo a abranger as partículas *proclíticas* e *enclíticas*, em Português (artigos, preposições, pronomes átonos etc.),

Mattoso Câmara Jr. introduziu um terceiro conceito, o de formas *dependentes*, as quais funcionam ligadas às livres, conforme se observa em: "*As* notícias da falsificação *do* jornal espalharam-*se* rapidamente". Tais formas distinguem-se das *livres* e das *presas*: das primeiras, porque não podem funcionar isoladamente como comunicação suficiente; das segundas, pelas possibilidades de intercalação de novas formas e de variação posicional na frase.

Modificando-se parcialmente o enunciado anterior: "As notícias *verdadeiras* e *chocantes* da falsificação do jornal se espalharam rapidamente" e comparando-se as duas versões, verifica-se que dois vocábulos foram intercalados entre *notícias* e *da* e que o pronome *se* passou para a posição proclítica. Nesse mesmo enunciado, as formas presas (por ex.: *-s* e *-mente*) apresentam-se intimamente ligadas às livres e às dependentes.

Introduzindo a noção de forma *dependente*, Mattoso Câmara ampliou o conceito de *vocábulo formal*: é a unidade a que se chega quando não é possível a divisão em duas ou mais formas livres ou dependentes.

Tanto as formas livres como as dependentes ora apresentam-se indivisíveis (sol, a), ora são passíveis de divisão em unidades menores (in-feliz-mente, im-pre-vis-í-vel, a-s). Em *infelizmente*, a forma livre feliz está combinada com formas presas; em **imprevisível**, a forma livre compõe-se apenas de formas presas.

Recordando a distinção estabelecida no Capítulo 1 entre morfemas lexicais (que se situam no léxico) e morfemas gramaticais (que se situam na gramática), no vocábulo *infelizmente* tem-se um morfema lexical e dois gramaticais, e no vocábulo *imprevisível* tem-se um morfema lexical e três morfemas gramaticais. Ainda, o vocábulo *as*, citado anteriormente, é composto de dois morfemas gramaticais, um funcionando como forma *dependente*, outro como forma *presa*.

Portanto, não se pode confundir o conceito de formas *livres*, *dependentes* e *presas* com o de morfemas.[1] Trata-se de conceitos estabelecidos a partir de critérios diversos: os primeiros, definem-se a nível de frase, isto é, do funcionamento das unidades linguísticas no enunciado; os segundos, a nível de vocábulo,[2] ou melhor, da possibilidade ou não de sua divisão em menores unidades significativas ou de primeira articulação.

Nossa análise consiste justamente a depreensão e funcionamento dos morfemas lexicais e gramaticais que constituem o vocábulo formal em Português.

2.2 A análise mórfica: princípios básicos e auxiliares

A análise mórfica consiste na descrição da estrutura do vocábulo mórfico, depreendendo suas formas mínimas ou morfemas, de acordo com uma significação e uma função elementares que lhes são atribuídas dentro da significação e da função total do vocábulo.

A significação global de um vocábulo como *cantaríamos*, por exemplo, é de que pessoas — entre as quais o falante — poderiam, no momento da enunciação linguística, estar empenhados na emissão vocal peculiar que se entende pelo morfema lexical ou radical / cant- /.[3] Depreende-se tal morfema utilizando-se o princípio básico da análise mórfica, a comutação, que consiste em uma operação contrastiva por meio de permuta de elementos para a qual são necessárias: a) a segmentação do vocábulo em subconjuntos e b) a pertinência paradigmática entre os subconjuntos que vão ser permutados. Visualizemos como opera este princípio:

morfema lexical:

cant		(a pertinência paradigmática está no fato de cada um dos segmentos caracterizarem usos da voz humana)
grit	ar	
fal		

vogal temática:

jog *a* ríamos	(o confronto de verbos de conjugações diferentes possibilita evidenciar a vogal temática)
beb *e* ríamos	
ped *i* ríamos	

marca de modo e tempo:

joga *ría* mos	(depreende-se *ria* como marca do futuro do pretérito em oposição a *va* do pretérito imperfeito, *re* do futuro do presente etc.)
jogá *va* mos	
joga *re* mos	

marca de número e pessoa:

jogaria *mos*	(depreende-se *mos* como marca de primeira pessoa do plural em oposição a *s* que indica segunda pessoa do singular e a *is* que indica segunda pessoa do plural).
jogaria *s*	
jogaríe *is*	

Ao lado da comutação, existem dois outros princípios da análise mórfica: a *alomorfia* e a *mudança morfofonêmica*. Os diferentes morfemas de uma língua não estão obrigatoriamente ligados a um segmento fônico imutável: por exemplo, o segmento /-s/ marca, de modo geral, o plural dos nomes em Português, mas outros segmentos como /-es/ têm essa mesma função. Do mesmo modo, /-ria/, que marca o futuro do pretérito, tem uma variante /-rie/.[4] Também os morfemas lexicais apresentam variantes: /ordem/, /orden-/, /ordin-/ têm a mesma significação em *ordem*, *ordenar* e *ordinário*, respectivamente. A essa possibilidade de variação de cada forma mínima dá-se o nome de *alomorfia*.[5]

A alomorfia pode ser ou não fonologicamente condicionada. A não condicionada implica variações livres, que independem de causas fonéticas, como as alternâncias vocálicas em *faz*, *fez*, *fiz*. A fonologicamente condicionada consiste na aglutinação de fonemas, nas partes finais e iniciais de constituintes em sequência, acarretando mudanças fonéticas. Trata-se, pois, de uma *mudança morfofonêmica*, porque, operando entre fonemas, afeta o plano mórfico da língua. São exemplos de mudanças morfofonêmicas a redução de /in-/ a /i-/ diante de consoante nasal da sílaba seguinte: *in*capaz / *i*mutável; o aparecimento de uma semivogal na forma passeio ao lado de passear; a troca de consoantes em dúvida indubitável. Conforme se pode verificar pelos exemplos dados, a mudança morfofonêmica é fonte constante de alomorfia.

A consideração da variação morfofonêmica dentro do vocábulo é muito importante na derivação vocabular, principalmente nas flexões nominais e verbais, porque simplifica a descrição gramatical, suprimindo falsas irregularidades.

Outro fenômeno importante na análise mórfica é o da *neutralização*, que consiste na perda da oposição entre unidades significativas diferentes. Como a alomorfia, ela pode se dar apenas no plano mórfico ou ser resultante de condicionamento fonológico. Como exemplo do primeiro caso, tem-se a neutralização entre a primeira e a terceira pessoas gramaticais em vários tempos verbais: cantava - cantava; cantaria - cantaria etc. Como exemplo do segundo caso, tem-se, em alguns tempos verbais, uma neutralização entre a segunda e a terceira conjugação em decorrência da perda de tonicidade da vogal temática, isto é, a *oposição* entre essas conjugações, caracterizada pelas vogais *-e* e *-i*, respectivamente, desaparece quando a vogal temática é átona final: temes, teme, temem; partes, parte, partem.

2.3 Tipos de morfemas

Os morfemas *gramaticais* em Português podem ser enquadrados em quatro tipos: classificatórios, flexionais, derivacionais e relacionais.

Os morfemas *classificatórios* são constituídos pelas vogais temáticas cuja função é a de enquadrar os vocábulos em classes de *nomes* (substantivos e adjetivos) e de verbos. Daí a sua subdivisão em nominais **/-a, -e, -o/** e verbais **/-a, /-e, /-i, /...** A ausência de vogal temática em alguns nomes cria as formas atemáticas, que se circunscrevem às palavras terminadas em consoantes e vogais tônicas. Incorporadas aos morfemas lexicais, as vogais temáticas formam a base para a anexação dos morfemas flexionais.

Os morfemas *flexionais* "fletem", ou alteram, os morfemas lexicais, adaptando-os à expressão das categorias gramaticais que a sua classe admite: (nos *nomes*, gênero e número; nos *verbos*, modo e tempo, número e pessoa). São cinco os morfemas flexionais em Português: aditivos, subtrativos, alternativos, morfema zero, morfema latente.

Aditivos: resultam do acréscimo de um ou mais fonemas ao morfema lexical. Considerando os pares: *rapaz - rapazes*, *professor - professora*, tem-se os segmentos /-es/ e /-a/ indicando respectivamente as noções gramaticais de gênero e número. Há, ainda, um tipo específico de morfemas que se agrupam nessa classe: os *cumulativos*, que resultam da acumulação de mais de uma noção gramatical numa forma linguística indivisível. Tais morfemas são constantes nos verbos portugueses. Em *amáramos*, *bebêramos* e *partíramos*, por exemplo, nos segmentos /-ra/ e /-mos/ a indicação de *modo* se acumula com a de *tempo* e a de *número* com a de *pessoa*.

Subtrativos: resultam da supressão de um segmento fônico do morfema lexical. No conjunto *órfão - órfã*, a noção de feminino, em vez de aparecer indicada através da adição de um morfema à forma masculina, processo básico de formação do gênero em português, decorre da própria subtração dessa forma.

Alternativos: resultam da alternância ou permuta de um fonema no interior do vocábulo. Entre os nomes, a vogal tônica /-ô/ do masculino singular pode alternar com um /-ó/ no feminino e no plural, conforme demonstram os exemplos a seguir: *povo - povos; formoso - formosa*. A alternância nos nomes é um traço morfológico secundário, porque ela complementa as flexões de gênero e número. Os exemplos citados, além das marcas /-s/ e /-a/, carregam na formação do número e gênero, respectivamente, a alternância vocálica /-ô/ — /-ó/ como traço redundante. Em Português é mais adequado considerar-se tais alternâncias como morfemas redundantes, dada a sua função unicamente subsidiária, e enquadrá-los como uma subclasse dos *alternativos*, exceção feita ao par *avô - avó* e seus derivados. Nesse par, a marca sufixal de feminino está ausente e a distinção de gênero é indicada unicamente pela alternância que passa, no caso, a ser traço primário, distintivo e a ocorrer no fim do vocábulo, constituindo o verdadeiro morfema alternativo.[6]

Morfema zero: resulta da ausência de marca para expressar determinada categoria gramatical. Só ocorre quando há oposição, isto é, quando o morfema lexical isolado assume uma significação gramatical em virtude da ausência do morfema que expressa a significação oposta. No morfema lexical *mar*, a ausência da marca de plural /-es/ indica a noção de singular. Também em *professor*, a ausência do morfema /-a/ expressa a noção de masculino. Em Português, o mecanismo gramatical de gênero e número baseia-se, essencialmente, em morfemas aditivos que ficam em oposição a morfemas Ø.

Morfema latente ou alomorfe Ø: embora tenha em comum com o morfema zero a ausência da marca, distingue-se daquele porque não apresenta morfema gramatical próprio para indicar qualquer categoria, isto é, não traz em si mesmo o contraste entre as categorias gramaticais. Os vocábulos *lápis* e *artista*, por exemplo, funcionam isolados e inalterados para indicar as significações gramaticais de singular-plural e de masculino-feminino, respectivamente. A designação *latente* provém do fato de que essas significações revelam-se indiretamente no contexto. Trata-se dos morfemas básicos de plural /-s/ e de feminino /-a/ que se realizam algumas vezes como Ø na qualidade de alomorfes. Por exemplo: o lápis caiu — *os* lápis caíram; *o* artista chegou — *a* artista chegou.

Resta ainda falar acerca de dois outros tipos de morfemas: os *derivacionais* e os *relacionais*. Os primeiros criam novas palavras na língua: a partir do morfema lexical *livr-o*, tem-se *livr-eiro, livr-aria, livr-inho* etc. Tais morfemas, ao contrário dos flexionais, não obedecem a uma sistematização obrigatória: assim é que uma derivação pode aparecer para um dado vocábulo (de *cantar* deriva-se *cantarolar*), e faltar para um vocábulo congênere (não há derivações análogas para *falar* e *gritar*). Já os morfemas flexionais estão concatenados em paradigmas coesos e com pequena margem de variação; compare-se a série sistemática: *cantávamos, falávamos, gritávamos*, que ocorre toda vez que a atividade expressa no verbo é atribuída ao locutor e a mais alguém em condições especiais de tempo passado.

Na derivação encontram-se, via de regra, idiossincrasias ao lado de regularidades, porque os morfemas derivacionais não constituem um quadro regular, coerente e preciso. Nem todos os verbos portugueses, como se exemplificou há pouco, apresentam nomes deles derivados e, para os derivados existentes, os processos são desconexos e variados: *fala* para *falar*, *consolação* e *consolo* para *consolar*; *julgamento* para *julgar*, e assim por diante. Também nem todos os substantivos portugueses têm um diminutivo correspondente e os que existem podem ou não ser utilizados, numa frase dada, de acordo com a vontade do falante. Logo, morfemas como: *-ção, -mento, -inho*, entre outros, não têm a mesma função em Português que elementos como */-s/*, */-a/*, ou */-va/*, caracterizadores de número e gênero nos nomes e de modo e tempo nos verbos. Os primeiros formam palavras que enriquecem o léxico, servem como base para derivações posteriores e possibilitam ao falante a escolha de uma forma vocabular; os segundos são elementos de caracterização exclusiva e sistemática impostos pela própria natureza da frase (que nos faz colocar, por exemplo, um substantivo no plural ou um verbo na primeira pessoa do pretérito imperfeito) e não podem servir de base para formações derivacionais posteriores.

O resultado da derivação é um novo vocábulo. Entre ele e os demais vocábulos derivados similares há esse tipo de relações abertas, que caracteriza o léxico de uma língua em contraste com a sua gramática. Nesta, o que se estabelece são relações fechadas, como, por exemplo, a que vigora entre *cantávamos* e todas as demais formas do verbo *cantar*, ou entre *lobos* ou *loba* e o nome básico singular *lobo*. A flexão caracteriza-se, portanto, pelo alto teor de regularidade de seus padrões, ainda que estes possam ser de grande complexidade, conforme veremos ao tratar dos verbos chamados "irregulares".

Por se tratar de relações abertas, na derivação, as idiossincrasias constituem a regra e a não previsibilidade é uma constante, enquanto, na flexão, a regra é a previsibilidade e as idiossincrasias constituem a exceção. Além disso, as formas derivadas podem assumir extensões de sentido de tipos variados, enquanto as flexionadas mantêm o mesmo sentido ou função, de modo que as extensões, quando existem, ocorrem em termos globais, para todos os itens de uma determinada classe.[7]

Portanto, apresenta-se como uma das incoerências de nossas gramáticas a inclusão dos morfemas caracterizadores de grau, *aumentativo* e *diminutivo*, como flexionais. Trata-se, na realidade, de um processo derivacional.

Finalmente, os morfemas *relacionais* ordenam os elementos da frase, possibilitando a concatenação dos morfemas lexicais entre si, como as *preposições*, *conjunções* e *pronomes relativos*. A manipulação desses morfemas pertence à sintaxe, motivo pelo qual não serão abordados aqui.

NOTAS

1. Não há sequer coincidência nas classificações. Em *lisboeta*, por exemplo, encontra-se um morfema lexical que não ocorre como forma livre na língua: *lisbo*. Evidentemente, se se considera o grau de autonomia e as regras de combinação dos morfemas, ter-se-á de admitir que os morfemas lexicais têm maior tendência a se constituir em formas livres, enquanto os gramaticais apenas são atualizados como formas livres, quando lexicalizados e, portanto, deixando de ser gramaticais. Exemplo: é o *-s* do plural, trata-se do *-inha* de casinha.

2. Parece procedente considerar o termo *palavra* equivalente a *vocábulo*, tomando por base a classificação das formas em *livres* e *dependentes*. Isto porque, se se pedir a diversos falantes que reproduzam lentamente as palavras que compõem o enunciado "O livro da biblioteca", perceber-se-á a existência de quatro pausas correspondentes a quatro palavras diferentes. Se este enunciado for transposto para a língua escrita, obter-se-á o mesmo resultado, visto que o princípio usado para se identificar o número de palavras é a existência de espaços em branco entre as unidades. Ora, tal critério corresponde exatamente àquele estabelecido por Mattoso Câmara Jr. para definir *vocábulo*, critério este que propomos abranja também a noção de palavra. Mesmo partindo desse princípio, há casos de análise duvidosa. *Em baixo* e *embaixo* correspondem a duas combinações de morfemas diferentes ou apenas a duas representações gráficas de uma mesma combinação de morfemas? Trata-se de uma ou de duas palavras? Em *co-ocorrência* qual o valor do hífen? Equivale a um espaço e então há aí duas palavras? Para um entendimento maior da questão, consultar: Morfologia da língua portuguesa (In: *Revista da Universidade Católica de São Paulo*, 1979). Parte significativa deste capítulo baseia-se no referido artigo.

3. Adotar-se-ão os termos *morfema lexical* e *radical* como equivalentes; este último, desvinculado da sinonímia com *raiz*, a fim de evitar interferência entre procedimento sincrônico e diacrônico. O *radical* mais a *vogal temática* constituem o que se costuma designar de *tema*.

4. Alguns linguistas restringem a terminologia morfema ao nível de *língua*, considerando-o como valor abstrato da estruturação linguística; em nível de *fala* estariam os morfes, realização dos morfemas. De acordo com esses linguistas, existe, por exemplo, um morfema correspondente à significação gramatical de plural /PI/ que se atualiza através dos morfes /-s/, /-es/ etc. Cada um desses morfes é um alomorfe. Do mesmo modo, há um morfema correspondente à significação gramatical do futuro do pretérito no indicativo /IdFt_2/, que se atualiza através dos morfes /-ria/, /-rie/. Do ponto de vista pedagógico, parece mais

adequado considerar morfema o significante mais usual e sistemático na língua (forma básica) e os demais como variantes ou alomorfes.

5. Em português existe também o fenômeno contrário, isto é, o da *homonímia*: uma mesma forma, indicando diferentes significações gramaticais: /-s/ indicando plural nos nomes e a 2ª pessoa gramatical nos verbos.

6. Além da alternância de fonemas segmentais, também se encontra a de fonemas suprassegmentais. Em Português, há uma oposição entre formas verbais paroxítonas e formas nominais proparoxítonas: fábrica-fabrica, exército-exercito etc. Nestes casos, o morfema lexical enquadra-se numa determinada classe de palavra, de acordo com a incidência do acento de intensidade na penúltima ou na antepenúltima sílaba. O acento de intensidade também indica uma oposição entre tempos verbais, mais especificamente entre o mais-que-perfeito do indicativo e o futuro do presente. Por exemplo: cantara, vendera, partira/cantará, venderá, partirá.

7. Para um maior aprofundamento da questão, consulte-se Margarida Basílio (1981).

EXERCÍCIOS

Bloco 1

Se você concordar com cada uma das afirmações a seguir, coloque ao lado *um exemplo* que a comprove; caso contrário, deixe o espaço em branco:

1. tem-se a alomorfia quando a forma é a mesma, apenas o significado varia ....

   ....

2. as partículas enclíticas e proclíticas em Português não são vocábulos mórficos ....
....
3. em Português há uma grande ocorrência de vocábulos formados de uma forma livre e uma ou mais formas presas ....
....
4. para dividir o vocábulo em cada um dos segmentos que o constituem, baseamo-nos no princípio da comutação ....
....
5. o morfema lexical, além de funcionar como base de significado, serve para formar outras palavras do idioma ....
....
6. o morfema gramatical tem a função de enquadrar o morfema lexical dentro de categorias da língua ....
....

Bloco 2

1. Considerando as frases abaixo:
   a) indique o número de vocábulos mórficos e classifique-os em formas livres e dependentes;
   b) assinale todas as formas presas e, a seguir, indique os morfemas lexicais e gramaticais que constituem as formas livres:

   As cartas estão rasuradas novamente.

   Não refiz o artigo de linguística.

O rosto da acusada parecia transfigurado.

Casas extraordinárias!

2. Decomponha as palavras *reconsolidar* e *encruzilhada* em unidades significativas.
3. Para cada palavra abaixo, indique outra que contenha alomorfe do morfema lexical:

   a) felicidade; b) petição; c) dúvida; d) visão; e) bandido.

Bloco 3

Línguas hipotéticas

1. Observe os dados da língua A:

ikalveve — casa grande	petatsosol — capacho velho
ikalsosol — casa velha	petatcin — capacho pequeno
ikalcin — casa pequena	ikalmeh — casas
petatveve — capacho grande	petatmeh — capachos

   a) segmente os vocábulos;
   b) quais os elementos que significam "grande", "velho", "pequeno"?
   c) quais os elementos que significam "casa" e "capacho"?
   d) quais os morfemas indicativos do número e do gênero?

2. Observe agora os dados da língua B:

filkas — forte	mafilkas — fortalecer
kelad — fraco	mekelad — enfraquecer
batar — surdo	mabatar — ensurdecer
fusat — escuro	mufusat — escurecer
pesal — velho	mepesal — envelhecer

a) qual o afixo que aparece nos dados?
b) que ideia encerra?
c) esse afixo apresenta variantes (alomorfes), como acontece com *in-*, *im-*, *i-* em Português?
d) dada a palavra *posas* (pobre), como você diria *empobrecer*?

Bloco 4

Classifique os morfemas flexionais encontrados em cada par de vocábulos.

a) freguês — freguesa
b) bisavô — bisavó
c) o, a pianista
d) cirurgião — cirurgiã
e) sogro — sogra
f) mão — mãos
g) o, os pires
h) compraremos — venderemos.

3

Estrutura e formação de vocábulos em Português

3.1 Estrutura

No capítulo anterior, considerou-se a vogal temática como *morfema classificatório*, dado o seu valor gramatical. Mas, ao lado dela, existem, em Português, certos fonemas que aparecem no interior dos vocábulos sem qualquer valor mórfico. São as *vogais* e *consoantes de ligação*, ocorrentes na junção dos morfemas lexicais e derivacionais e cuja única função consiste em evitar dissonâncias na juntura daqueles elementos,[1] conforme os exemplos *gasogênio* e *chaleira* entre muitos outros. O primeiro desses vocábulos é formado por dois morfemas lexicais ligados pela vogal *o* sem valor significativo e o segundo é constituído do morfema lexical *chá* e do sufixo *-eira* entre os quais aparece a consoante não significativa *-l-*.

Esses elementos de ligação, dado seu caráter puramente eufônico, devem ser considerados como constituintes dos morfemas aos quais se ligam. Tem-se, assim, casos de alomorfia fonologicamente condicionada: o morfema lexical *gás* apresenta uma variante *gaso-* em *gasogênio* e o morfema derivacional *-eira* apresenta uma variante *-leira*, em *chaleira*.

Considerando-se essas observações iniciais e partindo-se das delimitações já estabelecidas no capítulo anterior, isto é, a de que a análise mórfica restringe-se à decomposição dos morfemas em *lexicais* e *gramaticais* (flexionais, derivacionais e classificatórios) tem-se condições para determinar a estrutura dos vocábulos em português,[2] os quais podem ser constituídos de:

1. apenas um *morfema lexical*: azul, mar, sol, feliz;

2. *morfema lexical* (± vogal temática) + morfemas flexionais: alun-a-s; menin-o-s;[3] part-í-sse-mos; not-a-ra-m;

3. *morfema lexical* + *morfemas derivacionais* (± morfemas flexionais):

3.1 *prefixo(s)* + *morfema lexical* (± vogal temática) (± morfema flexional): in-feliz; des-em-palh-a-r; in-apt-o-s;

3.2 *morfema lexical* + *sufixo(s)* (± vogal temática) (± morfemas flexionais): mur-alh-a; cant-eir-o-s; habitu-al; levanta-ment-o; arrependi-ment-o; menina- zinh-a-s.

Nas junções especificadas no item acima, cabe ao sufixo marcar a classe gramatical e as flexões do vocábulo ao qual se agrega.[4] É o que ocorre, por exemplo, em *levantamento* e *meninazinhas*, nos quais a vogal temática existente no vocábulo primitivo — levant-a-r e menin-a — perde o valor de morfema ao sofrer o acréscimo do sufixo.[5]

3.3 *prefixo(s)* + *morfema lexical* (± elemento de ligação) + *sufixo(s)* (± vogal temática) (± morfemas flexionais): infelizmente; re-prova-ção; des-contenta-ment-o-s.

4. *morfema lexical* (± vogal temática) (± morfemas flexionais) + *morfema lexical* (± vogal temática) (± morfemas flexionais): couv-e—flor; guard-a—chuv-a-s; terç-a-s—feir-a-s; pé-s—de—molequ-e.

3.2 Formação

A partir desses vários tipos de estrutura, torna-se possível determinar os processos de formação dos vocábulos em Português. Os vocábulos indicados nos itens 1 e 2 são formas *simples* e *primitivas* e aqueles contidos no item 3 (com as respectivas subdivisões), constituem vocábulos *simples*, mas *derivados*; finalmente, os vocábulos incluídos no item 4, os quais contêm mais de um morfema lexical, são vocábulos *compostos*.

Portanto, para uma análise sincrônica dos mecanismos utilizados na formação de palavras, levar-se-á em conta a existência de palavras simples e compostas, conforme contenham um ou mais morfemas lexicais. As *simples* podem, pois, ser *primitivas* e *derivadas*. As *primitivas* são as que não se originam de outras e servem de base para a formação das *derivadas*.

Os principais processos de formação de novas palavras, isto é, os de mais alta produtividade são a *derivação* e a *composição*.

A *derivação* consiste na formação de palavras por meio de afixos agregados a um morfema lexical. Para que haja derivação, duas condições devem ser preenchidas. A primeira delas consiste na possibilidade de depreensão sincrônica dos morfemas componentes. Considerar derivadas palavras como *submisso, perceber, conduzir, admitir*, a partir de uma pseudo forma livre *-misso-, -ceber-, -duzir-, -mitir-*, com o acréscimo dos prefixos *sub-, per-*, **con-** e **ad-** representa um critério diacrônico válido apenas no estudo histórico, já que no estágio atual da língua esses morfemas lexicais inexistem. Assim, tais vocábulos devem ser tratados como palavras primitivas.[6]

A segunda condição implica na possibilidade de o afixo, como forma mínima, estar à disposição dos falantes nativos, no sistema, para a formação de novos derivados. Por sua vez, a maior ou menor produtividade[7] do afixo auxilia o falante não só a formar ou aceitar determinadas palavras, rejeitando outras, como também a interpretar determinados vocábulos como morfologicamente complexos ou simples.[8]

Preenchidas as condições explicitadas, pode-se falar na existência de quatro tipos de derivação:

a) *prefixal*: acréscimo de prefixos ao morfema lexical: *re*ter, *i*legal, *sub*tenente, *com*por;

b) *sufixal*: acréscimo de sufixos ao morfema lexical: sabor*oso*, pont*eira*, grand*alhão*, bar*caça*, voz*inha*, toqu*inho*;[9]

c) *prefixal* e *sufixal*: acréscimo tanto de prefixos como de sufixos ao morfema lexical: *des*leal*dade*, *in*feliz*mente*;

d) *parassintética*: acréscimo *simultâneo* de um prefixo e um sufixo ao morfema lexical: *en*tarde*cer*, *es*farel*ar*.

A derivação parassintética distingue-se da anterior[10] porque o prefixo e o sufixo são acrescentados a um só tempo ao morfema lexical, constituindo, portanto, um único morfema gramatical, de caráter descontínuo.[11] Observe-se a diferença entre: feliz - infeliz - felizmente - infelizmente e tarde - *tardecer - *entarde - entardecer, no primeiro conjunto, todos os vocábulos são atualizados em Português, enquanto no segundo, o nome **entarde* e o verbo **tardecer* não são lexicalizados, portanto, *entardecer* decorre de afixação simultânea.

A *parassíntese* consiste, basicamente, em um processo de formação de verbos, em especial daqueles que exprimem mudança de estado, tais como *engrossar*, *amadurecer*, *rejuvenescer*, mas encontram-se também, na língua, adjetivos formados por parassíntese como *desalmado* (des + alma + ado).

Nos tipos de derivação até aqui verificados, a palavra nova resulta de acréscimo de afixos aos morfemas lexicais; neles há, pois, uma constante: a palavra derivada amplia a primitiva.

Existe, no entanto, um processo de criação vocabular — a *derivação regressiva* — que é feita justamente ao contrário, pela subtração de morfemas. Isto ocorre, por exemplo, com as palavras *caça* (de caçar), *corte* (de cortar), *descanso* (de descansar) em que a desinência verbal do infinitivo e a vogal temática do verbo são substituídas pelas vogais temáticas nominais *-a*, *-e*, *-o*, formando, por esse processo, nomes abstratos de ação, denominados *deverbais*.[12]

Resta, ainda, referirmo-nos à derivação *imprópria*, isto é, ao processo de enriquecimento vocabular ocasionado pela mudança da classe de palavras. Por ele explica-se a passagem de substantivos a adjetivos: manga-*rosa*, colégio-*modelo*; de adjetivos a advérbios: ler *alto*, falar *baixo*, custar *caro* etc. Trata-se, na realidade, de um processo sintático-semântico e não morfológico, motivo pelo qual não o incluiremos entre os diferentes tipos de derivação.

A *composição* é o processo de formação de palavras que cria novos vocábulos pela combinação de outros já existentes, dando origem a um novo significado. Através desse processo combinam-se dois morfemas lexicais, operando-se entre eles uma fusão semântica, que pode ser mais ou menos completa. Assim, por exemplo, em *guarda-chuva*, o significado de cada elemento persiste com certa nitidez; já em *pé de moleque*, este significado praticamente desaparece para dar lugar a outro.

A composição pode dar-se por *justaposição* ou por *aglutinação*, conforme a fusão mais ou menos íntima dos elementos componentes. Na *justaposição*, os vocábulos que se combinam são colocados lado a lado, mantendo a sua autonomia fonética, isto é, o acento e todos os fonemas que os constituem. São grafados ora unidos, ora separados, com ou sem hífen:[13] passatempo, girassol, anti-herói, amor-perfeito, Nossa Senhora. Já na *aglutinação*, os vocábulos se fundem num todo fonético, com um único acento, ocorrendo também a perda ou alteração de algum de seus elementos fonéticos (acento tônico, vogais ou consoantes), conforme os exemplos *planalto*, *pontiagudo*, *aguardente* etc...

Do ponto de vista sincrônico, só se leva em conta a aglutinação quando, através da análise mórfica, for possível a depreensão de dois morfemas lexicais. Nos casos em que o falante nativo não tem consciência da existência desses dois morfemas, não se pode falar em composição. É o que acontece com palavras como *fidalgo* (filho de algo), *agrícola* (habitante do campo), *aqueduto* (condutor de água). O que representam hoje, por exemplo, os morfemas lexicais *agri* e *cola*? Quem, senão o estudioso da história da língua, pode descobrir aglutinação nessas palavras?

Embora a divisão entre *derivação* e *composição*, apresentada neste texto, seja comum para a maioria dos gramáticos, há divergências que merecem atenção, como a inclusão da *prefixação* na *composição* com base no critério da independência vocabular, dado que grande número de prefixos correspondem a preposições: *com*por, *contra*dizer, *de*crescer e a advérbios: *alen*tejado.

No entanto, ao lado desses prefixos, existem outros que não são usados como palavras na língua atual ou jamais o foram, conforme os exemplos respectivos: *ob*-ter, *re*-tomar, *ex*-portar, *in*-feliz. Se *ob*-e *ex*-já foram formas preposicionais, no latim, o mesmo não se deu com *re*- e *in*- como assinala Said Ali (s/d.). É fácil afirmar que *dis*-, *re*-, *in*- representam partículas inseparáveis que são ou foram advérbios. Nada se sabe da existência de tais vocábulos independentes nem em latim, nem em outra língua indo-europeia. Por toda a parte ocorrem estes elementos, funcionando sempre como prefixos.

Desta forma, o argumento baseado na independência vocabular de preposições e advérbios não justifica a exclusão da prefixação do âmbito da derivação. Além do mais, a relativa independência verificada entre alguns prefixos poderia também ser observada em pelo menos um sufixo:

-mente, típico da formação de advérbios de modo, correspondente na língua a um substantivo.

Embora haja diferenças entre o *sufixo* e o *prefixo* — como por exemplo, o fato de o primeiro, não o segundo, marcar a classe gramatical do vocábulo ao qual se agrega — não se justifica, a partir dos contra-argumentos levantados, a inclusão da prefixação como processo de composição.[14]

Além da *derivação* e *composição*, dois processos básicos de formação de palavras, encontram-se, em Português, outros recursos para incorporar palavras à língua: a *abreviação*, a *reduplicação* ou a *onomatopeia* e as *siglas*.

A *abreviação*, ocasionada por economia, isto é, pela lei do mínimo esforço, consiste no emprego de uma parte da palavra pelo todo, até limites que não prejudiquem a compreensão. É o que sucede, por exemplo, com os vocábulos longos e, em particular, com os compostos greco-latinos de criação recente: *auto* (por automóvel), *foto* (por fotografia), *moto* (por motocicleta), *pneu* (por pneumático). A forma abreviada passa a constituir uma nova palavra e, nos dicionários, tem um tratamento à parte, quando sofre alteração de sentido ou adquire matiz especial em relação àquela de que procede.

A *reduplicação*, também chamada *duplicação silábica*, consiste na repetição de uma sílaba na formação de novas palavras como *Zezé*, *Juju* etc. Quando a reduplicação é imitativa, isto é, procura reproduzir aproximadamente certos sons ou certos ruídos, tem-se as onomatopeias: *tique-taque*, *zás-trás*, *zum-zum* etc.

As *siglas* consistem na redução de longos títulos às letras iniciais das palavras que as compõem: *PTB* (Partido

Trabalhista Brasileiro), *PMDB* (Partido do Movimento Democrático Brasileiro). No entanto, uma vez criadas, passam a ser sentidas como palavras primitivas que possibilitam a formação de novas palavras: petebista, peemedebista etc.

Quanto ao *hibridismo*, combinação de elementos de línguas diversas como *autoclave* (gr. + lat.), *sociologia* (lat. + gr.), *goleiro*, *futebolista* (ingl. + port.), *televisão* (gr. + port.), *monóculo* (gr. + lat.) e *bicampeão* (lat. + port.), não o consideramos um novo processo de formação vocabular. Tal colocação baseia-se na justificativa de que o falante nativo, exceção feita ao estudioso da língua, não consegue depreender sincronicamente a origem da palavra. Mesmo percebendo a existência de dois morfemas lexicais diferentes, como em *auto-clave*, ou de um morfema lexical e um sufixo, como em *futebolista*, ou, ainda, de um prefixo e um morfema lexical, como em *bicampeão*, o falante não tem condições de determinar a língua de origem. Além do mais, numa descrição sincrônica, parece dispensável cogitar-se da procedência deste ou daquele morfema; essa distinção será feita num estudo diacrônico ou num levantamento etimológico.[15]

Assim, parece mais adequado considerar-se o chamado hibridismo não como um processo à parte, mas enquadrá-lo entre os casos de *justaposição*, quando resulta da junção de dois morfemas lexicais, ou entre os de *derivação*, quando é formado pela combinação de afixo e morfema lexical.

Concluindo, a definição deste ou daquele processo como formador de palavras depende da possibilidade de se decompor os vocábulos em menores unidades significativas operantes na língua atual.

NOTAS

1. Não é conveniente designar de *infixos* esses elementos puramente eufônicos, como oportunamente lembra Mattoso Câmara Jr. (1964, p. 197) porque a intercalação não ocorre no radical e o fonema não tem valor gramatical próprio.

2. Esta análise limitar-se-á à estrutura e formação das formas livres.

3. Em *meninos*, o *o* é vogal temática e em *alunas*, o *a* é morfema flexional resultante de uma mudança morfofonêmica: supressão da vogal temática átona, quando do acréscimo do morfema de gênero. Esse ponto será retomado no próximo capítulo.

4. Posição diferente é assumida por Rolim de Freitas (1979, p. 99). Segundo o autor "as modalidades temáticas de gênero e de número podem aparecer duas vezes: no núcleo e no elemento periférico: corp*o*, corpozinh*o*". Também C. Pedro Luft (1976, p. 135) aceita duas vogais temáticas, mas apenas nas formas nominais do verbo, uma do próprio verbo e outra do nome (part*i*d*o*, part*i*nd*o*, partir Ø).

5. Também ocorrem mudanças morfofonêmicas como a supressão da vogal átona do morfema lexical (mur-alha) ou a fusão, quando o sufixo começa pela mesma vogal (desalma + ado).

6. Rolim de Freitas (1979, p. 104) faz um levantamento dos verdadeiros prefixos existentes na língua portuguesa, delimitando-se a uma visão sincrônica e procurando reformular os critérios tradicionais das gramáticas que, em extensas relações de exemplos, incluem formas que se prefixaram no latim.

7. Os sufixos *-mente*, *-ção*, *-inho*, entre outros, são de grande produtividade, ao passo que *-eo*, *-(t)ura* etc., apresentam rendimento mais baixo.

8. Para um maior aprofundamento da questão, consulte-se Basílio (1982).

9. Incluíram-se na derivação *sufixal* os afixos caracterizadores do grau aumentativo e diminutivo dado que eles formam palavras e possibilitam ao falante a escolha de uma outra forma vocabular, conforme se evidenciou no capítulo anterior.

10. Muitas das nossas gramáticas não distinguem entre esses dois tipos de derivação.

11. A descontinuidade consiste na manifestação de um mesmo significado gramatical em posições separadas; no caso, *en-* está anteposto ao morfema lexical e *-ecer* está posposto, mas ambos indicam parassíntese.

12. Embora nossas gramáticas limitem o processo de formação regressiva a nomes de ação derivados de verbos, Basílio (1982) evidencia ser ele bem mais produtivo. No entanto, mesmo em se tratando de nomes deverbais, parece-nos que a derivação regressiva não fica clara para o falante nativo que, geralmente, é levado a considerar o nome como primitivo, por analogia com o que ocorre com os nomes compostos, como *arma* e *prego*, de que se derivam *armar* e *pregar*, respectivamente.

13. Se fosse possível utilizar o hífen como critério, seria mais fácil a identificação na linguagem escrita das ocorrências de justaposição; no entanto, a utilização aleatória deste sinal não permite uma identificação segura.

14. Para uma discussão mais detalhada, consulte-se Cintra, Anna M. M. e Souza-e-Silva, M. Cecília P. de (1979).

15. Para uma discussão mais detalhada, consulte-se Rolim de Freitas (1979), capítulos: "A derivação prefixal e formação erudita" e "Linguagem técnica", em que o autor se posiciona acerca do *hibridismo* e das palavras que provêm de fontes eruditas ou que pertencem à linguagem técnica das ciências modernas.

EXERCÍCIOS

1. No texto abaixo, grife os vocábulos formados por derivação e/ou composição, explicando o(s) processo(s) usado(s):

   "Oswald de Andrade foi um vagamundo que tentou bandeira-nacionalizar a arte de seu tempo e, tendo chegado aos sessenta anos, declarou-se um sexappealgenário. No começo do século, Martins Fontes, poeta pré-vinte e dois, queria construir o brasilirismo. Hoje, na era da informação, diante do paralá-paracáparlar (Guimarães Rosa), é preciso ser um anarquiteto como Augusto de Campos, para se viver efetivamente, com a informação adequada, acabar com as formas gastas pelo tempo e fazer com que a realidade possa brotar de uma nova forma — como uma constelação de palavras-montagem" (Firpo, Júlio. Revista *Diners*, n. 8, p. 68, in Soares e Rodrigues, 1975, p. 43).

2. Determine, conforme o modelo, as regras de derivação das palavras abaixo, especificando o tipo de morfema e a classe de seus componentes. Use os símbolos: N para substantivo, V para verbo, Adj. para adjetivo e Adv. para advérbio.

   Modelo:

   juramento = $[[\text{morf. lex. -}]_V + \text{sufixo}]_{\text{N. abstr.}}$

   $[[\text{jurar}]_V + \text{mento}]_{\text{N. Abstr.}}$

a. festejar	i. eficazmente
b. lavagem	j. heroísmo
c. simbolista	k. escorrer

d. canil
e. preferência
f. poeirenta
g. alimentício
h. orgulhoso
l. crueldade
m. saltitar
n. refazer
o. esperança

3. Determine, nas palavras abaixo, as diversas etapas da derivação, seguindo o modelo:

   inexistente [in [existente]$_{Adj}$]$_{Adj.}$

   [[existir]$_V$ + -nte]$_{Adj.}$

   a. descolorir
   b. proclamação
   c. ilegalidade
   d. antevisão
   e. empobrecer
   f. intrometimento
   g. revisionismo
   h. recrudescer
   i. apunhalar
   j. deslocamento
   k. cooperação
   l. progressivamente
   m. transposição
   n. imigrante
   o. retroceder

4. No grupo de palavras abaixo, criado pelo escritor Dias Gomes, para as falas do personagem Odorico Paraguaçu, cidadão ignorante mas apreciador de vocabulário rebuscado (*Sucupira*: ame-a ou deixe-a. Civilização Brasileira, 1982):

   1. dê as formas corretas dos itens utilizados, consultando, se preciso, o dicionário;
   2. determine:

      2.1 as formas que violam as regras de derivação, por modificarem as classes de palavras-base;

2.2 as formas que não violam as regras de derivação mas que são paralelas a outras formas da língua e por isso impedidas de aparecer (ou bloqueadas):

a. de repentemente

b. providenciamentos

c. gente *excomunguenta*

d. comprovamento

e. *valentosa* delegada

f. esquerda *badernista*

g. dama de muitas *merecendências*

h. como digo, repito e *trepito*

i. manifestança subversiventa

j. lavagem e *enxaguagem*

4

A flexão nominal

Embora, nas gramáticas do Português, o adjetivo e o substantivo sejam considerados como duas categorias distintas, a flutuação categorial entre eles é grande.[1]

Funcionalmente, muitos dos nomes podem ser, conforme o contexto, substantivos (termos determinados) ou adjetivos (termos determinantes). Assim, no enunciado *um diplomata mexicano*, o segundo vocábulo é substantivo e o terceiro, adjetivo; já em *um mexicano diplomata* dá-se o inverso. Há, entretanto, alguns nomes que são essencialmente adjetivos (triste, grande etc.) e outros que são essencialmente substantivos (homem, tigre etc.). Mesmo assim, a distinção funcional não é absoluta: *um homem tigre* designa aquele que tem a ferocidade de um tigre e corresponde a *um homem feroz*.

Formalmente, a diferença entre essas duas classes gramaticais é também muito pequena. Por um lado, tanto os substantivos como os adjetivos são marcados por vogais temáticas (crianç*a*, mestr*e*, med*o*, agrícol*a*, verd*e*, cinzent*o*) ou por formas atemáticas terminadas em vogais tônicas e consoantes (filó, gibi, urubu, inspetor, cru, nu, burguês, tentador). Por outro lado, os adjetivos estão quase exclusivamente distribuídos nas formas em *-e*, *-o* e em *consoantes*, enquanto os substantivos encontram-se distribuídos em todas as formas.

Flexionalmente, ambos são suscetíveis de flexão de gênero e número, evidentemente apresentando pequenas diferenças. O *gênero*, que condiciona uma oposição entre forma masculina e forma feminina, é caracterizado por flexão, através do morfema /-a/ (forma marcada) no feminino, e do morfema Ø (forma não marcada) no masculino[2] (peru - peru*a*). O *número*, que cria o contraste entre forma singular e plural, é também caracterizado por flexão, através do morfema flexional *-s*, no plural, e da forma não marcada no singular (peru - peru*s*). Assim, conforme já se disse, o masculino e o singular em português caracterizam-se pela ausência de marca, isto é, por um morfema Ø.

4.1 A flexão de gênero

Tal flexão opera através do acréscimo do morfema flexional *-a* átono final à forma masculina. Quando a forma masculina é atemática, há simplesmente o acréscimo mencionado: *peru - perua / autor - autora*; mas, quando tal forma termina em vogal temática como *pombo*, *parente*, essa vogal é suprimida, através de uma mudança morfofonêmica, decorrente do acréscimo do morfema *-a*: *pombo* - o + a = *pomba*; *parente* - e + a = *parenta*.

No entanto, nem todas as palavras são marcadas flexionalmente. Veja-se, por exemplo: *casa*, *livro*, *cônjuge*, *criança*, em que a vogal final não indica gênero, mas simplesmente registra a classe gramatical. Embora não marcadas flexionalmente, tais palavras admitem a anteposição de um artigo: *a* casa, *o* livro, *o* cônjuge, *a* criança. Assim, em Português, cabe ao artigo marcar, explícita ou implicitamente, o gênero dos nomes substantivos. Consequentemente, a flexão de gênero nos nomes é um traço acessório, redundante.

Essa flexão, acessória e redundante, embora se caracterize por um mecanismo simples, apresenta-se como um dos tópicos mais incoerentes e confusos de nossas gramáticas. Isso se deve, em primeiro lugar, à incompreensão semântica da natureza do gênero e, em segundo, à ausência de distinção entre processo flexional, de um lado, e processos lexicais, de outro.

Quanto à *natureza*, a flexão de gênero costuma ser associada intimamente ao sexo dos seres. Contra essa interpretação tem-se os seguintes argumentos: a) o gênero abrange todos os nomes substantivos portugueses, quer se refiram a seres animados, providos de sexo, quer designem apenas "coisas" como: *mesa*, *ponte*, *tribo*, que são femininos (precedidos do artigo *a*) ou *sofá*, *pente*, *prego*, que são masculinos (precedidos pelo *o*); b) o conceito de sexo não está necessariamente ligado ao de gênero: mesmo em substantivos referentes a animais e pessoas há algumas vezes discrepância entre gênero e sexo. Assim, a *testemunha*, a *cobra* são sempre femininos e o *cônjuge*, o *tigre*, sempre masculinos, quer se refiram a seres do sexo masculino ou feminino.

Em razão da ausência de distinção entre processo flexional e processo lexical, é comum ler-se em gramáticas do Português que *mulher* é o feminino de *homem*, que *cabra* é o feminino de *bode*. Trata-se de casos de heteronímia dos radicais, isto é, de vocábulos lexicalmente distintos, que, tradicionalmente, têm sido utilizados para indicar a categoria de gênero. Na realidade, a distinção gramatical se faz através do artigo. Assim, os substantivos *mulher* e *cabra* são sempre femininos, porque podem ser precedidos pelo artigo *a*; e *homem* e *bode*, a eles semanticamente relacionados, são do gênero masculino, porque podem ser precedidos pelo artigo *o*.

Esta interpretação também se estende a outro caso de heteronímia, àquele em que um sufixo derivacional tem distribuição limitada aos substantivos femininos, conforme os exemplos: o diácono - a diacon*isa*, o abade - a abad*essa*, o barão - a baron*esa* etc. Nesse caso, os sufixos derivacionais *-isa*, *-essa*, *- esa* etc. são formadores de feminino. Há ocorrências, embora muito raras, de sufixos que aparecem só na forma masculina: o perdi*gão* - a perdiz,[3] ou em ambas as formas: o impera*dor* - a impera*triz*.

Não cabe também falar em uma distinção de gênero expressa pelas palavras *macho* e *fêmea*, não só porque o acréscimo não é obrigatório (podemos falar em *cobra* e *tigre* sem acrescentar os apostos), mas também porque o gênero não muda com a indicação precisa de sexo (continua-se a ter a *cobra macho* no feminino, como assinala o artigo *a* e o *tigre fêmea* no masculino, conforme indica o artigo *o*).

Desse modo, não procedem as designações de *epiceno*, *sobrecomum*, *comum de dois*, usadas pela gramática tradicional. Ao lado de palavras como *a cobra*, existem outras como *a vítima*, *a criança*, *o indivíduo*, *o algoz*, que pertencem respectivamente aos gêneros feminino e masculino. A importância do artigo na distinção do gênero é tão importante que só através dele, ou de outro determinante ou modificador,[4] palavras como *artista*, *colega*, *estudante*, *cliente*, sem flexão, têm o gênero determinado: (o, a) artista, (o, a) colega, (o, a) estudante e (o, a) cliente.[5]

Concluindo, pode-se dizer que, do ponto de vista flexional, ao lado da regra básica de formação do feminino — acréscimo do morfema aditivo *-a*,[6] em oposição ao Ø do masculino — existem os seguintes casos de alomorfia:

a) subtração da forma masculina: órfão-órfã; réu-ré; mau-má (morfema subtrativo);
b) alternância vocálica redundante e não redundante: *redundante* — vogal média posterior tônica fechada /ô/ / passa a aberta /ó/: formoso - formosa; novo - nova (morfema aditivo e alternativo); *não redundante* — avô - avó e seus derivados (morfema alternativo);
c) distinção de gêneros diferentes sem flexão: *o*, *a* intérprete; *o*, *a* mártir (morfema latente).

Ao lado desses morfemas flexionais (aditivo, subtrativo, alternativo e redundante), o gênero é também indicado pelos morfemas derivacionais femininos: diácono - diaconi*sa*, abade - abad*essa*, duque - duqu*esa*.

No feminino das palavras em **-ão**, ocorrem ora morfemas subtrativos, como em **irmão - irmã**, ora morfemas aditivos. Neste caso, existem sempre mudanças morfofonêmicas, que se caracterizam ou pela perda da vogal nasal, como em **leão - leoa** (leão + a = le(ã)oa = leoa), ou por uma alteração no sufixo derivacional de aumentativo próprio da forma masculina, decorrente do acréscimo do morfema **-a**, como em **valentão - valentona**. Outras vezes, a flexão de gênero é marcada pelo acréscimo de um morfema derivacional de diminutivo à forma feminina, como em **galo - galinha**. Também entre os **morfemas derivacionais** estão as formas em **-eu**, como **europeu - europeia**, nas quais o acréscimo do morfema **-a** ao sufixo derivacional acarreta uma mudança morfofonêmica que se caracteriza pela supressão da vogal assilábica e ditongação: europeu + a = europe(u)a = europea = europeia.

As gramáticas poderiam ensinar o gênero dos substantivos a partir da descrição proposta, baseando-se, em primeiro lugar, na forma masculina ou feminina do artigo e considerando, em segundo lugar, a seguinte divisão em três grupos:

1. nomes substantivos de dois gêneros com uma flexão redundante: (o) lobo — (a) loba; (o) mestre — (a) mestra; (o) pintor — (a) pintora;

2. nomes substantivos de dois gêneros sem flexão aparente: (o, a) camarada; (o, a) selvagem; (o, a) mártir;

3. nomes substantivos de gênero único:

— (a) pessoa; (a) testemunha; (o) algoz; (a) mosca; (o) besouro; (a) mesa; (a) tábua; (o) disco; (o) livro;

— (o) homem; (a) mulher; (o) bode; (a) cabra; (o) príncipe; (a) princesa; (o) sacerdote; (a) sacerdotisa.

Na descrição do gênero, como nas descrições linguísticas em geral, é indispensável delimitar o plano gramatical e o lexical, tendo em vista que a *gramática* trata dos fatos gerais da língua e o léxico, dos fatos especiais. Assim, a descrição gramatical deve ser completada com as informações de um dicionário ou *léxico*, que seria constituído, segundo Chomsky (1965), de uma série não ordenada de regras lexicais, englobando todas as propriedades idiossincráticas de cada um dos itens lexicais.[7] Caberia, então, a um dicionário do Português, registrar as ocorrências de gênero não explicáveis pelos padrões gerais da gramática.[8]

4.2 A flexão de número

Em se tratando do *número*, o conceito significativo é muito mais simples e coerente. Trata-se da oposição entre um único indivíduo e mais de um indivíduo. Excetuam-se: a) a situação especial dos coletivos, em que a forma singular envolve uma significação de plural, e b) a de certos nomes em que a forma de plural refere-se a um conceito linguisticamente indecomponível. Trata-se, nos dois casos, de uma peculiaridade da língua. No primeiro, a língua interpreta uma série de seres homogêneos como uma unidade superior, que, como unidade, vem no singular: *multidão* pressupõe o indivíduo *cidadão*; *ramagem* indica coleção de *ramos*. Evidentemente, tais nomes, quando designam mais de um desses conjuntos, também se flexionam: multidões e ramagens. No segundo caso, interpreta-se linguisticamente, de um modo global, um contínuo de atos ou de partes integradas, os quais podem ser entendidos, no mundo extralinguístico, como uma série ou sequência de partes componentes: **óculos**, **algemas**, **exéquias**, **núpcias**. Estes vocábulos não apresentam singular mórfico correspondente.

Também em relação ao *número*, à semelhança do que ocorre no *gênero*, entende-se o mecanismo flexional como uma oposição privativa em que o singular não-marcado, ou Ø, opõe-se ao plural com marca própria, caracterizado pelo morfema /-s/. Esse morfema marca, no plural, os nomes terminados no singular em:

a) vogais orais e nasais: caj**á** - caj**ás**; rom**ã** - rom**ãs**;

b) *m*: álbum - álbuns;[9]

c) ditongos orais: céu - céus;

d) ditongos nasais átonos e alguns tônicos: bênção - bençãos; irmão - irmãos.

Fora dessa regra geral, a única complexidade no mecanismo flexional de número está nas mudanças morfofonêmicas exigidas por certas estruturas vocabulares, que ocasionam diferentes alomorfes. Assim é que os nomes terminados no singular em *-s* (precedido de vogal tônica), *-r*, *-z* e *-n* formam o plural com o acréscimo do alomorfe *-es*: *país - países*; *pilar - pilares*; *vez - vezes*; *cânon - cânones*. A presença da vogal átona *e* resulta de uma mudança morfofonêmica fonologicamente condicionada, conforme explicação dada no Capítulo 2, decorrente da impossibilidade, em nossa língua, de grupos finais cuja combinação seja *-ss*, *-rs* e *-rz*.

Outro caso de alomorfia ocorre com os nomes terminados em *l*, precedidos de vogal diferente de *i*, cujo plural é expresso através da forma *is*, conforme os exemplos: *jogral - jograis; coronel - coronéis; lençol - lençóis; azul - azuis*. A mudança morfofonêmica é caracterizada pela queda do *l* final e por ditongação: jogral + is (-*l*) → jograis; coronel + is (-*l*) → coronéis; lençol + is (-*l*) + lençóis; azul + is (-*l*) → azuis.

Quando os nomes terminados em *l* forem precedidos da vogal *i*, além da queda do *l*, ocorrem outras mudanças morfofonêmicas dependendo da tonicidade da vogal. Se ela for tônica, há crase e se for átona, há dissimilação regressiva (i > e) e ditongação, conforme os exemplos, *fuzil - fuzis* e *fóssil - fósseis*, respectivamente: fuzil + is (-*l*) → fuziis → fuzis; fóssil + is (-*l*) → fossiis (i > e) → fósseis.

Ainda, entre os casos de alomorfia foneticamente condicionadas estão os nomes terminados em *x* e *s*, os quais, quando precedidos de vogal átona, não sofrem variação: *tórax*, *cútis*. Trata-se de alomorfes Ø, ou morfemas latentes, dado que a oposição singular-plural só é recuperada pelo contexto: (*este*, *estes*) tórax, (*a*, *as*) cútis.

Finalmente, alguns nomes cuja vogal média posterior tônica é *o* fechado, além do morfema *-s*, mudam, no plural, o *o* fechado /ô/ pelo aberto /ó/: *corpo - corpos; povo - povos*. Trata-se de morfemas alternativos; no caso, redundantes, porque o plural já é indicado pelo morfema aditivo.

É preciso lembrar também que, com o acréscimo dos sufi*xos -zinho* e *-zito*, tanto o substantivo primitivo quanto o derivado apresentam marca de plural: fogãozinho = fogõe(s) + zinhos; anelzinho = anéi(s) + zinhos; cãozito = cãe(s) + zitos.[10]

A simplicidade estrutural na descrição de número só é até certo ponto perturbada pela possibilidade de variação, sem nenhum condicionamento fonético, dos vocábulos terminados em *-ão*. Certo número deles forma o plural com o acréscimo do morfema *-s* (todos os paroxítonos e um número pequeno de oxítonos: *sótão - sótãos, cristão - cristãos*); a maioria (nesse grupo incluem-se os aumentativos), além do acréscimo do *-s*, apresenta alternância da vogal e da semivogal (bal*ão* - bal*ões*, ladr*ão* - ladr*ões*, valent*ão* - valent*ões*); e, finalmente, um número reduzido apresenta, além do *-s*, uma alternância da semivogal (alemã*o* - alemã*es*, capelã*o* - capelã*es*).

Acresce, também, que para alguns desses nomes não há, ainda, uma forma de plural definitivamente fixada; no entanto, como bem afirma Mattoso Câmara (1970), essa variação livre não é tão frequente quanto sugerem longas listas das nossas gramáticas.[11] Muitas das formas aí presentes não existem realmente na língua viva, são formas "fantasmas", lançadas pelos gramáticos por motivos diacrônicos.[12]

NOTAS

1. Trabalho referente ao assunto foi apresentado no VII Encontro Nacional de Linguística (PUC-RJ, 1982), por Margarida Basílio: "Substantivação plena e substantivação precária: um estudo de classes de palavras em Português".

2. Há outros autores que marcam também o masculino, admitindo a oposição o/a: gat*o*, gat*a*. Optou-se pelo critério adotado por Mattoso Câmara por uma questão de economia e simplificação da análise linguística: enquanto o feminino e o plural apresentam marcas específicas *-a* e *-s*, respectivamente, o masculino e o singular apresentam diversas possibilidades de terminação, não constituindo, portanto, formas marcadas.

3. Em perdig*ão* - perdiz, o sufixo aumentativo *-ão* indica os machos da espécie perdiz, já em galo - gal*inha*, a terminação *-inha* designa as fêmeas da espécie *galo*.

4. O adjetivo ora se aproxima do substantivo, quando assume as mesmas flexões; ora se afasta dele, nos casos em que não se flexiona e naqueles em que funciona como modificador, marcando ele próprio a flexão de gênero do substantivo (colega simpático, colega simpática).

5. O valor morfêmico do artigo amplia-se em vocábulos cuja oposição de gênero acarreta significação diferente, como: o cabeça/a cabeça; o guarda/a guarda, conforme Rolim de Freitas (1979, p. 79).

6. Não se flexionam, geralmente, no feminino, os adjetivos terminados em *-a*, *-e* e consoantes.

7. A constituição do léxico será retomada mais detalhadamente na obra referente à sintaxe.

8. Caberia a esse dicionário explicar todas as idiossincrasias, como: a) os femininos irregulares: *judia* e *cantadeira* em oposição a *judeu* e *cantador*; b) os nomes de duplo gênero; c) os de gênero vacilante etc.

9. Como, em Português, a ortografia não permite a combinação *ms*, os nomes terminados em *-m*, ao receberem a desinência *-s* de plural, mudam o *m* em *ns*.

10. Este é o único caso em que a flexão passa parcialmente e não totalmente para o sufixo.

11. Embora, para alguns substantivos terminados em *-ão*, não haja ainda uma forma de plural definitivamente fixada, nota-se,

na linguagem corrente, uma preferência sensível pela formação mais comum: *-ões*.

12. À semelhança do que se propôs com relação ao gênero, caberia ao dicionário elencar as idiossincrasias, entre elas: as palavras terminadas em *-ão* que assumem diferentes plurais; aquelas que só se empregam no plural; as que se manifestam com o acento tônico deslocado (caráter - caracteres); aquelas terminadas em *-l*, cujo plural é *es* (mal - males) etc. De acordo com Basílio (1981), essa alternativa tem inconvenientes.

EXERCÍCIOS

Bloco 1

1. Discrimine nos nomes abaixo as ocorrências de morfemas e alomorfes marcadores de gênero, indicando inclusive os casos de morfema Ø.
2. Distribua-os pelos três grupos apresentados na página 68.

dentista	vitrine
duque - duquesa	zangão - abelha
tataravô - tataravó	marquês - marquesa
cônjuge	genro - nora
pastor - pastora	baleia
solteirão - solteirona	abade - abadessa
cortesão - cortesã	charmoso - charmosa
sapo	reitor - reitora
juiz - juíza	idoso - idosa
herói - heroína	cliente
garoto - garota	patrão - patroa

3. Compare a descrição a que você chegou com aquela proposta pela gramática normativa. Tire suas próprias conclusões e justifique-as.

Bloco 2

1. Agrupe os nomes abaixo, discriminando os morfemas e alomorfes indicativos de *número*; aponte, também, os pares em que não ocorre morfema Ø.

réu - réus	maçã - maçãs
café - cafés	catalão - catalães
álcool - álcoois	ovo - ovos
mulher - mulheres	matiz - matizes
animal - animais	ônibus
escrivão - escrivães	barril - barris
réptil - répteis	jejum - jejuns
órgão - órgãos	mãe - mães
eleição - eleições	ananás - ananases
lápis	coração - corações

2. Compare a descrição a que você chegou com aquela proposta pela gramática normativa. Tire suas próprias conclusões e justifique-as.

Bloco 3 — Exercício Síntese

Examine as colunas abaixo:

A	B
elefante - elefanta	dólar - dólares
poeta - poetisa	gato - gatos
novo - nova	lilás - lilases

perdigão - perdiz	a/as fênix
pigmeu - pigmeia	corrimão - corrimãos
sacerdote - sacerdotisa	sacristão - sacristães
patrão - patroa	álbum - álbuns
alemão - alemã	europeu - europeus
solteirão - solteirona	sol - sóis
frade - freira	o/os ônibus
gato - gata	sótão - sótãos
bisavô - bisavó	funil - funis
o/a artista	capelão - capelães
pavão - pavoa	fértil - férteis
campeão - campeã	morto - mortos
padrinho - madrinha	melão - melões
tirolês - tirolesa	férias

1. Retire das colunas *A* e *B* as palavras que se submetem à regra geral de formação do *gênero*: acréscimo do morfema *-a* e do *número*: acréscimo do morfema *-s*.
2. Especifique o contexto morfofonêmico em que as regras se aplicam.

	Palavras que se submetem à regra geral	**Morfema básico**	**Contexto morfofonêmico em que a regra se aplica**
Gênero		-a	
Número		-s	

3. Retire das colunas *A* e *B* as palavras que formam o gênero ou o número através de alomorfia.

4. Determine quais são os alomorfes e, quando possível, o contexto morfofonêmico em que ocorrem.

	Palavras que apresentam alomorfia	**Alormorfes**	**Contexto morfofonêmico em que a alomorfia ocorre**
Gênero			
Número			

5. Classifique as palavras restantes das colunas *A* e *B* quanto ao gênero e ao número.

5

A flexão verbal

Noções gramaticais muito diferentes são expressas através da flexão verbal em Português. De um lado, as de *tempo* e *modo*, indicando, respectivamente, o momento em que ocorre o processo verbal e a atitude do falante (de certeza, impossibilidade, solicitação etc.) em relação ao fato que enuncia; de outro lado, a de pessoa, assinalando na forma do verbo, a pessoa gramatical do sujeito, entendido como o termo sobre o qual recai a predicação. Essa segunda noção, não propriamente verbal, implica também na indicação do *número*, singular ou plural, desse sujeito.

Ao lado das categorias de *tempo* e *modo*, coexiste outra complementar: a de *aspecto*, entendida, comumente, como a propriedade que tem uma forma verbal de indicar a duração do processo. Em nossa língua, como nas demais línguas românicas, a base do agrupamento das formas verbais faz-se, primariamente, em função do *tempo*, mas, no pretérito, manteve-se a oposição, existente em latim, entre *imperfeito*, aspecto inconcluso, e *perfeito*, aspecto concluso.[1] O aspecto, dado seu caráter secundário na morfologia do Português, será tratado apenas quando das considerações acerca do **modo** e do **tempo**.[2]

O modo *indicativo* exprime atitude de certeza relativa do falante perante o processo que enuncia e aparece acumulado com as noções de tempo *presente*, *pretérito* ou *futuro*.

O *indicativo presente* (Id Pr) exprime um processo simultâneo ao ato de fala ou um fato costumeiro, habitual. É usado frequentemente com valor de *passado* (presente narrativo ou histórico) ou de *futuro*.

O *pretérito* ou *passado* (Id Pt) exprime um processo anterior ao ato de fala e manifesta-se através do *imperfeito* (Id Pt_1), do *pretérito perfeito* (Id Pt_2) e do *mais-que-perfeito* (Id Pt_3). O imperfeito (Id Pt_1) exprime um processo passado com duração no tempo, indicando concomitância ou habitualidade, sendo usado, também, para indicar fatos passados, concebidos como contínuos ou permanentes. Muitas vezes é empregado metaforicamente para expressar irrealidade. Já o *perfeito* (Id Pt_2) exprime um processo passado totalmente concluído, sem duração no tempo.

Tanto o *perfeito* como o *imperfeito* exprimem um processo passado; portanto, a oposição entre eles não é propriamente de tempo, mas de aspecto (passado com duração no tempo, passado concluído, respectivamente).[3]

O *mais-que-perfeito* (Id Pt_3) exprime um processo anterior a um processo passado. Pode ocorrer com valor de *imperfeito do subjuntivo*, aparecendo, também, em orações optativas. E de rendimento mínimo na linguagem coloquial; em seu lugar, emprega-se ou o *pretérito perfeito* ou o *mais-que-perfeito composto* (formado com o verbo *ter* no *imperfeito* seguido do particípio passado).

Acrescente-se à oposição *presente/pretérito*, a de *futuro* (Id Ft). O *futuro do presente* (Id Ft_1) exprime um processo posterior ao momento em que se fala. Pode ocorrer ainda com valor de imperativo ou de presente, exprimindo dúvida ou probabilidade. O futuro do pretérito (Id Ft_2) exprime um processo posterior a um processo passado, indicando, também, *hipótese, probabilidade, incerteza, não comprometimento do falante*. Pode, ainda, ocorrer com valor de presente, exprimindo *modéstia* ou *cerimônia*.

O *indicativo*, em seus vários tempos, exprime um grau elevado de certeza do falante perante o processo que enuncia. Já o *subjuntivo*, expressa atitude de incerteza, *possibilidade* ou *dúvida*, isto é, maior subjetividade do falante perante esse processo. A oposição indicativo/subjuntivo é mais de *modalidade* que de *tempo*. Na realidade, os tempos do subjuntivo não apresentam noção de época tão definida como os do indicativo o fazem.

Outra particularidade do tempo no subjuntivo está na sua estreita correlação com o verbo da oração principal. Por exemplo, nas substantivas, o subjuntivo virá no presente se o verbo da principal estiver no presente, e no passado, se o verbo daquela estiver no passado. Nas adverbiais condicionais, o futuro do subjuntivo acompanha o futuro do presente e o imperfeito do subjuntivo acompanha o futuro do pretérito. Esta regra sofre variações conforme o grau de formalidade do enunciado e a situação comunicativa.

Quanto ao aspecto, este atualiza-se com menor clareza no modo subjuntivo, devido ao seu valor hipotético e subjetivo, ao contrário do que ocorre no indicativo, que apresenta as situações como certas ou reais.[4]

Finalmente, o *imperativo* exprime atitude de *ordem*, *solicitação* ou *súplica*. É usado, também, no lugar da expressão "se + futuro do subjuntivo" para sugerir uma hipótese.

Na realidade, as flexões verbais do *imperativo* marcam essencialmente a *modalidade*. No que diz respeito ao *tempo*, embora seja sempre enunciado no presente, o imperativo tem valor de futuro porque a ação que exprime está para se realizar. Por marcar a modalidade e ter valor de futuro, o imperativo não possui aspecto.[5] É preciso lembrar ainda que a afirmação de grande parte de nossas gramáticas de que certas formas do imperativo constituem manifestações do subjuntivo, só tem sentido se se considerar o subjuntivo e o imperativo do ponto de vista puramente morfológico.

Resta um comentário sobre as formas nominais do verbo, o *infinitivo*, o *gerúndio* e o *particípio*, que têm em comum o fato de não poderem exprimir por si, nem o tempo nem o modo. Entre elas estabelece-se uma oposição aspectual. O *infinitivo* é a forma mais indefinida do verbo e é aspectualmente neutra por se referir apenas à situação em si. Apresenta o processo verbal em potencial, exprime a ideia de ação. O *gerúndio* marca o aspecto inacabado,[6] o processo verbal em curso e o *particípio* marca o aspecto concluído, acabado. O infinitivo equivale a um substantivo, e o gerúndio e o particípio a adjetivos e advérbios.

5.1 O padrão geral

As categorias de modo-tempo e número-pessoa são assinaladas na forma verbal por morfemas gramaticais, daqui por diante denominados *desinências flexionais* (DF) de dois tipos: *modo-temporais* (DMT) e *número-pessoais* (DNP). Essa desinência flexional une-se ao *tema* (T), constituído pelo *radical* (R), ou morfema lexical,[7] que garante a significação lexical permanente do verbo, e pela *vogal temática* (VT) da conjugação correspondente. Chega-se, assim, à fórmula geral da estrutura do vocábulo verbal em Português:

T (R + VT) + DF (DMT + DNP)

Qualquer dos constituintes indicados na fórmula, exceto o radical, pode faltar ou sofrer variações formais. As variações são indicadas por diferentes alomorfes, entre eles a ausência do constituinte.

Acumulação em um único morfema das noções de modo e tempo determina a existência de treze desinências modo-temporais, sendo seis delas no modo *indicativo*: um presente (Id Pr); três pretéritos: *imperfeito*, *perfeito*, *mais-que-perfeito* (Id Pt_1, Id Pt_2 e Id Pt_3) e dois futuros: o do *presente* e o do *pretérito* (Id Ft_1 e Id Ft_2). No subjuntivo, há um *presente*, um *pretérito* e um *futuro* (Sb Pr, Sb Pt e Sb Ft). A esses morfemas deve-se acrescentar o do *imperativo* (Ip) e os indicadores das formas nominais do verbo: *gerúndio* (Gr), *infinitivo* (If) e *particípio* (Pa). O infinitivo apresenta duas formas: uma não flexionada (If_1), outra flexionada (If_2) (suas desinências número-pessoais são homônimas às do futuro do subjuntivo), enquanto o gerúndio é invariável e o particípio não se flexiona em pessoa.

Do mesmo modo, a cumulação das desinências número-pessoais determina a existência de seis morfemas gramaticais, resultantes da oposição entre emissor e receptor, e entre eles e uma terceira pessoa. Tais morfemas serão indicados por P_1, P_2, P_3 (as três pessoas do singular) e P_4, P_5, P_6 (as três pessoas do plural).[8]

Tanto as desinências número-pessoais quanto as modo-temporais, que constituem as desinências flexionais, prendem-se a um tema verbal, ou seja, a um radical ampliado por uma das vogais temáticas *-a*, *-e*, *-o*. A vogal temática no verbo é mais nítida e de aparecimento mais sistemático que no nome, daí a praxe tradicional de classificar morficamente os verbos portugueses em três conjugações (CI, CII, CIII), caracterizadas, respectivamente, por uma das vogais temáticas.

5.1.1 Alteração do radical

Nos verbos regulares, cabe apenas às desinências flexionais a identificação das diversas formas verbais, porque o radical é invariável, sofrendo somente, em circunstâncias bem determinadas, uma alternância da vogal que o constitui, quando tônica. Essa alternância, no entanto, manifesta-se em condições previsíveis e é considerada regular.

Em CI, as vogais *e* aberto (é) e *o* aberto (ó) marcam as formas *rizotônicas*, isto é, aquelas cujo acento cai na vogal do radical: Id Pr e Sb Pr $P_{1,2,3,6}$ e IP P_2 l**e**vo, l**e**vas, l**e**va, l**e**vam / l**e**ve, l**e**ves, l**e**ve, l**e**vem / l**e**va; ch**o**ro, ch**o**ras, ch**o**ra / ch**o**re, ch**o**res, ch**o**re, ch**o**rem / ch**o**ra.

Já as vogais *e* fechado (ê) e *o* fechado (ô) marcam as formas *arrizotônicas*, aquelas cujo acento incide ou na vogal temática (l*e*v*a*mos, l*e*v*a*is; ch*o*r*a*mos, ch*o*r*a*is etc.) ou na vogal do sufixo flexional (l*e*var*e*i, ch*o*rar*e*i etc.).

Alguns verbos terminados em *-ear* (passear) ou *-iar* (incendiar), nas formas rizotônicas de Id Pr, Sb Pr e Ip sofrem uma ditongação: passeio, passeias, passeia, passeiam / passeie, passeies, passeie, passeiem / passeia.

Em CII, com as mesmas vogais, há alternância quando a vogal do radical é tônica, opondo o Id Pr P_2, P_3, P_6 (b*e*bes, b*e*be, b*e*bem; c*o*rres, c*o*rre, c*o*rrem) e o Ip P_2 (b*e*be; c*o*rre) ao Id Pr P_1 (b*e*bo; c*o*rro) e ao Sb Pr $P_{1,2,3,6}$ (b*e*ba, b*e*bas, b*e*ba, b*e*bam; c*o*rra, c*o*rras, c*o*rra, c*o*rram).

Em CIII há alternância exatamente nas mesmas circunstâncias de CII, só que agora entre *o* e *u* / *e* e *i*, além das já citadas, conforme os exemplos: Id Pr - f*e*res, f*e*re, f*e*rem; d*o*rmes, d*o*rme, d*o*rmem; Ip - f*e*re; d*o*rme em oposição a Id Pr P_1 - f*i*ro; d*u*rmo e Sb Pr - f*i*ra, f*i*ras, f*i*ra, f*i*ram; d*u*rma, d*u*rmas, d*u*rmam.

5.1.2 Vogal temática

Após os comentários a respeito da vogal do radical, pode-se passar à vogal temática. Considerando-se que ela fica melhor determinada quando tônica, tornou-se hábito identificar-se a conjugação do verbo pelo infinitivo; a rigor, porém, poderia ser escolhida outra forma nas mesmas condições, como o Id Pt_3 e o Sb Pt (cant*a*ra, tem*e*ra, part*i*ra; cant*a*sse, tem*e*sse, part*i*sse). Apenas em alguns tempos e pessoas a vogal temática perde a tonicidade: a) no Id Ft_1 e Id Ft_2 em que ela é pretônica (cant*a*rei, cant*a*ria etc.) e b) no Id Pr $P_{2, 3, 6}$ e IP P_2 em que ela é átona final (cant**a**s; cant**a**, cant**a**m; cant**a**). Nesse último caso, em CII e CIII, neutraliza-se a oposição entre /*e*/ e /*i*/, conforme os exemplos: vend*e*s, vend*e*, vend*e*m e part*e*s, part*e*, part*e*m.

Além de ser átona em algumas circunstâncias, a vogal temática também pode ser marcada por um alomorfe Ø; isto ocorre em Id Pr P_1 e em todas as pessoas do Sb Pr. O alomorfe Ø resulta, nos dois casos, da regra morfofonêmica segundo a qual o acréscimo de um novo constituinte vocálico (a desinência número-pessoal *o* em Id Pr P_1 e a desinência modo-temporal *e* no Sb Pr) leva ao apagamento da vogal átona final, conforme os exemplos, respectivamente: canta + o = canto; teme + o = temo; parte + o = parto; canta + e, es, e, emos, eis, em = cante, cantes, cante, cantemos, canteis, cantem; teme + a, as, a, amos, ais, am = tema, temas, tema, temamos, temais, temam; parte + a, as, a, amos, ais, am = parta, partas, parta, partamos, partais, partam.

A vogal temática apresenta alomorfes na primeira conjugação no Id Pt_2 em P_1 e P_3: cant*e*i, cant*o*u (esta última em oposição a tem*e*u, part*i*u), e encontra-se neutralizada, por sua vez, na segunda e terceira conjugações no Id Pt_2 P_1 (bebi - parti) e no Id Pt_1 (bebia, bebias etc. e partia, partias etc.). Justifica-se o alomorfe *-o* em vez de *-a* marcando nesse caso a primeira conjugação, porque nos verbos portugueses não há vogal temática *-o*; justifica-se, também, o alomorfe *-e* porque, justamente nessa forma, Id Pt_2 P_1, a vogal *-e* deixa de marcar a segunda conjugação, que conflui com a terceira, assumindo a forma *i*.

5.1.3 Desinências número-pessoais

Retomando-se, agora, a fórmula do vocábulo verbal, passa-se a aplicá-la às desinências flexionais do Id Pt_3.[9]

P_1 canta (cant + a) + ra	(ra + Ø)
P_2 canta (cant + a) + ras	(ra + s)
P_3 canta (cant + a) + ra	(ra + Ø)
P_4 cantá (cant + a) + ramos	(ra + mos)
P_5 cantá (cant + a) + reis	(re + is)
P_6 canta (cant + a) + ram	(ra + m)

Considerando-se primeiro as desinências número-pessoais, a saber, -Ø para P_1 e P_3, *-s* para P_2, *-mos* para P_4, *-is* para P_5 e *-m* para P_6 e utilizando-se o método da comutação, pode-se depreender que essas mesmas desinências aparecem em todos os modos e tempos, à exceção de alguns casos de variações, que são poucos e previsíveis: a) a DNP de P_1 é Ø e os alomorfes são: *-o* átono final no Id Pr (cant*o*, part*o*); *-i* semivocálico no Id Pt_2 e Id Ft_1 (cante*i*, tem*i*, part*i*, cantare*i*, temere*i*, partire*i*; b) a DNP de P_2 é *-s* e os alomorfes são: -Ø no Ip (canta, teme, parte) e *-ste* no Id Pt_2 (cantaste, temeste, partiste; c) a DNP de P_3 é Ø, com um único alomorfe: *-u* assilábico no Id Pt_2 (cant*ou*, tem*eu*, parti*u*; d) a DNP de P_4 é sempre *-mos*; e) a DNP de P_5 é *-is* e os alomorfes são: *-stes* no Id Pt_2 (canta*stes*, teme*stes*, part*istes*), *-des* no Sb Ft (cantar*des*, temer*des*, partir*des*) e *-i* assilábico no Ip (canta*i*, teme*i*, part*i*); f) a DNP de P_6 é *-m* com um único alomorfe: o *-o* semivocálico em Id Ft_1 (cantarã*o*, temerã*o*, partirã*o*).[10] É preciso acrescentar que o *-i* assilábico no Id Pt_2 P_1 em CII e CIII (tem + i + i, part + i + i), funde-se com a vogal temática, também *i* nas duas conjugações, em decorrência da regra morfofonêmica, segundo a qual duas vogais iguais fundem-se em uma só.

5.1.4 Desinências modo-temporais

Analisando-se, agora, as desinências *modo-temporais* do Id Pt_3 (*-ra* e alomorfe *-re* em P_5) e utilizando-se o método da comutação, tem-se condições para a depreensão das demais desinências, a saber, *-re* para o Id Ft_1 (canta*re*i, teme*re*i, parti*re*i), *-ria* para o Id Ft_2 (canta*ria* etc.), *-sse* para o Sb Pt (canta*sse* etc.), Ø para o Id Pr (canto etc.) e Ip P_2 (canta etc.), *-r* para o Sb Ft e If (canta*r* etc.) e *-ndo* e *-do* para o gerúndio (canta*ndo* etc.) e particípio (canta*do* etc.), respectivamente. Essas formas são comuns para as três conjugações. Apenas em duas circunstâncias as desinências modo-temporais de CI são diferentes daquelas de CII e CIII: a) no Sb Pr em que o morfema **-e** marca os verbos de CI (cant**e** etc.) e o morfema **-a** marca os verbos de CII (tema etc.) e CIII (part*a* etc.) e b) no Id Pt, em que o morfema *-va* marca os verbos em CI (canta*va* etc.) e *-ia* em CII (tem*ia* etc.) e CIII (part*ia* etc.). A forma *-ia* funde-se com a vogal temática, também *-i* neutralizada, nas duas conjugações (tem + i + ia, part + i + ia).

Os casos de alomorfia estão indicados nos pares a seguir, nos quais o primeiro elemento indica o morfema que marca a desinência modo-temporal e o segundo, o alomorfe correspondente: a) Id Pt_1 *-va~-ve* em CI e *-ia~-ie* em CII e CIII; b) Id Pt_2 -Ø~*-ra*; c) Id Pt_3 *-ra~-re*; d) Id Ft_1 *-re~-ra -rã*; e) Id Ft_2 *-ria~-rie*; f) Sb Pt *-r~-re*.

Apresentados os casos de alomorfia da vogal temática e das desinências flexionais, é importante lembrar que qualquer desses elementos pode ser Ø, conforme os exemplos: a) DNP = Ø (am + a + va + Ø em oposição a am + á + va + *mos*); b) DMT = Ø (am + a + Ø + mos em oposição a am + á + *va* + *mos*); c) DF = Ø (am + a + Ø + Ø em oposição a am + a + *ría* + *mos*); d) VT = Ø (am + Ø + e + s) em oposição a (am + a + ria + s).

5.2 O padrão especial

Ao lado dos chamados verbos *regulares*, que seguem o padrão geral, as gramáticas do Português costumam elencar, em ordem alfabética, separados apenas pela conjugação a que pertencem, os verbos ditos *irregulares*. A irregularidade é entendida, portanto, como um desvio do padrão morfológico geral, impredizível em face dos padrões regulares. Ocorre, porém, que também estes desvios podem ser, de certa forma, padronizados, de modo a chegar-se a pequenos grupos de verbos que apresentam padrões comuns, perfeitamente explicitáveis.

Para o estudo das irregularidades que ocorrem nos verbos portugueses, faz-se importante lembrar os *tempos* ou *formas primitivas*, isto é, aquelas das quais se originam as demais. São formas primitivas: a) *P_2 de Id Pt_2* (segunda pessoa do pretérito perfeito), da qual se derivam o *mais-que-perfeito do indicativo* (Id P_3), o *imperfeito do subjuntivo* (Sb Pt) e o *futuro do subjuntivo* (Sb Ft); b) *P_1 de Id Pr* (primeira pessoa do presente do indicativo), que dá origem ao *subjuntivo presente* (Sb Pr) e, em decorrência, às formas *imperativas* deste derivadas; c) *P_2 e P_5 de Id Pr*, das quais se forma P_2 e P_5 de *imperativo afirmativo* (IP_1) com supressão da DNP *-s*; d) *If_1* (*infinitivo não flexionado*) de que são derivados o *imperfeito* (Id Pt_1), o *futuro do presente* (Id Ft_1), o *futuro do pretérito* (Id F_2), o *infinitivo flexionado* (If_2), o *gerúndio* (Gr) e o *particípio* (Pa). Havendo qualquer tipo de irregularidade numa das formas primitivas, todas as suas derivadas manterão a mesma irregularidade.

É de se salientar, também, que o "desvio" pode consistir numa variação do *morfema flexional* (em sua totalidade ou em um de seus constituintes) ou numa *variação do radical*, a qual passa a contribuir, como ressalta Mattoso Câmara, para a expressão das noções gramaticais de *tempo*, *modo* e *pessoa*. É este tipo de irregularidade que permite distinguir "padrões" morfológicos desviantes, já que os verbos regulares se caracterizam, justamente, pela imutabilidade do radical.

Convém recordar, ainda, que as alternâncias vocálicas no radical de Id Pr nas formas rizotônicas de CII e CIII, ou a ditongação do radical, nesse mesmo tempo, que ocorre nas formas rizotônicas de certos verbos, como *passear*, *odiar* etc., não devem ser consideradas como irregularidades no plano morfológico, mas, simplesmente, como alterações fonologicamente condicionadas. Passar-se-á, agora, ao exame dos principais tipos de irregularidades encontradas: na flexão, no radical de Id Pt_2, no radical de Id Pr, no futuro; acrescente-se, ainda, verbos com padrão especial no particípio e verbos anômalos.

5.2.1 Irregularidades flexionais

a) radicais monossilábicos terminados em *-e*, em CII, e em *-i* em CIII, apresentam em P_5 Id Pr a DNP *-des* (e, consequentemente, em P_5 Ip, *-de*): *credes, ledes, vedes, rides*. O mesmo acontece com os verbos de radical monossilábico terminado em nasal: *tendes, vindes, pondes* etc.;

b) no verbo *dar*, a vogal temática *-a* de CI passa a *-e* (aberto) em P_2 Id Pt_2 e em todas as formas desta derivadas: *deste, dera, desse, der*, em P_1 e P_3, por sua vez, o *-e* permanece fechado: *dei, deu*.[11] Já a vogal temática *-e* de CII passa a *-i*, em alguns verbos como *ver, querer*: *viste, quiseste*, donde: *vira, visse, vir, quisera, quisesse, quiser*.

5.2.2 Irregularidades no tema de indicativo perfeito

a) radicais terminados em *-r ou -z* não apresentam vogal temática em P_3 Id Pr: *querer* → *quer*, *fazer* → *faz*, *dizer* → *diz*, *produzir* → *produz*;

b) os verbos com P_1 e P_3 de Id Pt_2 rizotônicas, sem sufixo flexional, podem apresentar uma alternância vocálica na raiz, com vogal alta (*-i*) ou (*-u*) na 1ª pessoa e vogal média fechada correspondente (*-e*) ou (*-o*) na 3ª. Nesses casos, P_1 e P_3 se opõem em Id Pt_2 pelo vocalismo radical: *fiz - fez, tive - teve, estive - esteve, pus - pôs, fui - foi, pude - pôde.* Não ocorrendo a alternância indicada no item anterior, P_1 e P_3 ficam indiferenciadas — apresentando ou não um *-e* átono final — só contrastando, em conjunto, com as demais formas arrizotônicas: *quis* (P_1 e P_3) × *quiseste, quisemos, quiseram* etc.; *disse, coube, houve, trouxe, soube;*[12]

c) há verbos com radical de Id Pt_2 em *ou* em oposição a *a* de If: *coubeste, soubeste, trouxeste, houveste;* nesses casos, o *ou* se estende às formas derivadas (ex.: *coubera, coubesse, couber*). Há, ainda, *prouve*, verbo unipessoal, só usado em P_3;

d) o verbo *vir*, com P_1 de Id Pt_2 atemático e com vogal final tônica nasal (*vim*) perde a nasal nas formas arrizotônicas, diante da vogal temática *e* (aberto): *vieste, viemos, viestes, vieram;* e em P_3 *veio*, há alternância de *i* para *e* (fechado), seguido de *o*, (irregular em face à DNP *u* assilábica), que sofre ditongação: veio.

5.2.3 Irregularidades no tema de indicativo presente

a) mudança da consoante final do radical em P_1: *valer → valho, perder → perco, pedir → peço, medir → meço, ouvir → ouço, fazer → faço, trazer → trago, dizer → digo, poder → posso* (peço e meço com alternância vocálica). Em decorrência, a mesma irregularidade aparecerá em Sb Pr e nas formas de Ip dele derivadas;

b) alargamento da vogal do radical: com ditongação de *e* (aberto) para *ei*: *requerer* → *requeiro*; e com ditongação de *a* para *ai*: *caber* → *caibo*. O verbo *querer*, embora não sofra a ditongação em Id Pr, apresenta-a em Sb Pr (*queira*); o mesmo se dá com o verbo *saber* (*saiba*), apesar de, em Id Pr, apresentar em P_1 a forma *sei* que, sincronicamente, é explicada por Mattoso Câmara como uma redução do radical *saib-* e uma alternância *a~e*;

c) acréscimo de uma consoante final ao radical: *ver* → *vejo*, *haver* → *haja*. Segundo Câmara, também se encaixa aí o verbo haver, cujo radical é *hav-* e cujas formas rizotônicas no Id Pr, por serem atemáticas, perdem o *j* final: *há*, *hás*, *há*. Já P_1 (hei), pode ser explicado da mesma maneira que *sei*, isto é, como uma forma radical *haj-*, com a vocalização do *j* final e também com uma alternância *a~e*;

d) radicais monossilábicos atemáticos terminados em vogal tônica nasal, clara em P_2 de Id Pr (*tens*, *vens*, *pões*), apresentam uma variação mais complexa, embora única para todos; em P_1, a nasal final transforma-se em nasal palatal: *tenho*, *venho*, *ponho* (donde: *tenha*, *venha*, *ponha*). Estes verbos mantêm a nasal palatal em Id Pt,: *tinha*, *vinha*, *punha*, perdendo a nasalidade no infinitivo e em Id Ft_1 e Id Ft_2 (*ter*, *terei*, *teria*; *vir*, *virei*, *viria*; *pôr*, *porei*, *poria*) e conservando-a no gerúndio (*tendo*, *vendo*, *pondo*).

5.2.4 Irregularidades no futuro

Os verbos *dizer*, *fazer* e *trazer*, por exceção, apresentam irregularidades em Id Ft_1 e Id Ft_2 (já que os tempos derivados de P_2 de Id Pr são, na grande maioria, regulares). Nestes há uma síncope da sílaba final do tema, antes do acréscimo das desinências modo-temporal e número-pessoal: di(ze)rei, fa(ze)rei e tra(ze)rei; di(ze)ria, fa(ze)ria e tra(ze)ria.

5.2.5 Verbos com padrão especial no particípio

Dividem-se em dois grupos: aqueles em que só existe o padrão especial e aqueles que possuem duplo particípio. Os padrões especiais podem ocorrer na base do radical de If (sempre em verbos que pertencem a CI) ou na base de um alomorfe do radical de If. Dentre os primeiros, podem-se citar: *aceito, entregue, expulso, gasto, pago, salvo, solto*; dentre os últimos, *dito, feito, posto, visto, tido, eleito, enxuto, frito, impresso, preso, suspenso, morto* (de matar e de morrer).

5.2.6 Verbos anômalos

São aqueles que, além de apresentarem irregularidades no radical, possuem radicais *supletivos*; isto é, as formas derivadas do If ou do Id Pr não apresentam um radical permanente. É o que ocorre com os verbos *ir* e *ser*, em Português. O radical de perfeito — *fo/fu* —; embora idêntico para ambos (e para as formas derivadas de Id Pt_2), corresponde, assim, a dois verbos mórfica e semanticamente diferentes, diferença, porém, que só se explicita nos demais radicais.

No verbo *ser*, um radical básico *e-* (aberto), alterna com outro *se-*. O primeiro aparece nas formas atemáticas de P_2 e P_3 em Id Pr (*és, é*), com uma variante *er-* em Id Pt_1 (*era, eras* etc.); o segundo é encontrado em If, Id Ft_1, Id Ft_2 (*ser, serei, seria*), com uma variante *sej-*, em Sb Pr, outra *so-*, atemática (*somos - sois*) e outra *sa-*, atemática (*são*).

No verbo *ir*, um radical básico *i-* alterna com *va-*. O primeiro, em If, Id Ft_1, Id Ft_2, Gr, Id Pr (P_5) e Id Pt_1 (*ir, irei, iria, indo, ides, ia*[*s*] etc.); o segundo, em Id Pr ($P_{2, 3, 4 \text{ e } 6}$), Sb Pr, Ip (*vais, vai, vamos, vão, vá*[*s*] etc.; *vai*, com a variante *vo-* em P_1 de Id Pr (*vou*).

Pode-se concluir que na flexão encontra-se, geralmente, uma situação em que, ao lado de padrões gerais, existem padrões especiais nos quais há, no entanto, uma organização imanente, possível de ser depreendida.[13]

NOTAS

1. Travaglia (1981), a partir de uma resenha sobre o assunto, reformula e amplia o conceito de aspecto, indicando as várias formas através das quais essa categoria se manifesta. Referindo-se no Capítulo 7, especificamente, à manifestação através das flexões verbais, estabelece uma correlação entre os diferentes tempos e os vários aspectos que eles marcam e evidencia as restrições que a modalidade e o futuro exercem na atualização do aspecto.

2. Aceita-se a opinião de Mattoso Câmara (1970), que corrobora a de Jakobson, quanto à importância de se fazer um estudo da significação das formas concomitantemente ao das suas flexões.

3. Travaglia, op. cit. (cap. 7), discute a afirmação de que o *pretérito imperfeito* expressa sempre o *imperfectivo* e o *pretérito*

perfeito sempre o *perfectivo*. Também H. Weinrich, na obra *Le Temps*, tradução francesa do original alemão, editada em 1970 pela Editora du Seuil, mostra que há casos muito comuns de perfeito com ideia de duração, e de imperfeito com ideia de ação acabada, concluída.

4. Travaglia, op. cit., cap. 7.

5. Travaglia, op. cit., cap. 7.

6. Travaglia discorda dessa afirmação, dizendo que: "Na verdade, o aspecto expresso pelo gerúndio parece depender do tipo da oração desenvolvida, a que a reduzida de gerúndio corresponde e do tempo flexional em que está o verbo principal" (p. 175).

7. O radical pode estar acrescido de sufixos derivacionais: beb-er*ic*-ar.

8. P_5 tem rendimento mínimo em Português, pois está circunscrita a registros especiais da linguagem escrita e a situações específicas altamente formais da linguagem oral (oratória, por ex.).

9. Embora de pouco rendimento em Português, por também estar, como P_5, circunscrita a registros especiais da linguagem escrita, escolheu-se esta forma como exemplo, dada a sua grande transparência morfológica.

10. Ao acrescentar-se o *-o* semivocálico à DMT, origina-se a forma *ao*, que, em Português, só existe enquanto hiato (caos, aorta). Para evitar-se a hiatização, torna-se obrigatória a nasalização do */a/*, de acordo com as regras fonológicas da língua.

11. Note-se que o Sb Pr do verbo dar é *dê, dês, dê* etc., fugindo, portanto, à regra geral.

12. Em *dizer*, ocorre, ainda, em Id Pt_2, ensurdecimento da consoante do radical; em **pôr**, passagem do **r** a **s** (sonoro).

13. Caberia ao dicionário do Português registrar: a) as formas primitivas do verbo e cada um dos tempos delas derivados; b) os desvios do padrão geral, em cada uma dessas formas.

EXERCÍCIOS

Bloco 1

Considerando os verbos regulares de CI, CII e CIII:

1. Indique nos quadros em branco a VT, as DMT e as DNP.
2. Faça uma relação de todos os casos de alomorfia da DMT e da VT.
3. Faça uma relação dos alomorfes da DNP, considerando que os morfemas são os seguintes:

$$P_1 = \varnothing \qquad P_4 = \text{mos}$$
$$P_2 = \text{s} \qquad P_5 = \text{is}$$
$$P_3 = \text{o} \qquad P_S = \text{m}$$

4. Aponte todas as ocorrências de neutralização.

VERBO AMAR

	VT	DMT	DNP		VT	DMT	DNP		VT	DMT	DNP
Id Pr				Id Pt_1				Id Pt_2			
Amo				Amava				Amei			
Amas				Amavas				Amaste			
Ama				Amava				Amou			
Amamos				Amávamos				Amamos			
Amais				Amáveis				Amastes			
Amam				Amavam				Amaram			
Id Pt_3				Id Ft_1				Id Ft_2			
Amara				Amarei				Amaria			
Amaras				Amarás				Amarias			
Amara				Amará				Amaria			
Amáramos				Amaremos				Amaríamos			
Amáreis				Amareis				Amaríeis			
Amaram				Amarão				Amariam			
Sb Pr				Sb Pt				Sb Ft			
Ame				Amasse				Amar			
Ames				Amasses				Amares			
Ame				Amasse				Amar			
Amemos				Amássemos				Amarmos			
Ameis				Amásseis				Amardes			
Amem				Amassem				Amarem			

VERBO RECEBER

	VT	DMT	DNP		VT	DMT	DNP		VT	DMT	DNP
Id Pr				Id Pt_1				Id Pt_2			
Recebo				Recebia				Recebi			
Recebes				Recebias				Recebeste			
Recebe				Recebia				Recebeu			
Recebemos				Recebíamos				Recebemos			
Recebeis				Recebíeis				Recebestes			
Recebem				Recebiam				Receberam			
Id Pt_3				Id Ft_1				Id Ft_2			
Recebera				Receberei				Receberia			
Receberas				Receberás				Receberias			
Recebera				Receberá				Receberia			
Recebêramos				Recebereis				Receberíeis			
Recebêreis				Recebereis				Receberíeis			
Receberam				Receberão				Receberiam			
Sb Pr				Sb Pt				Sb Ft			
Receba				Recebesse				Receber			
Recebas				Recebesses				Receberes			
Receba				Recebesse				Receber			
Recebamos				Recebêssemos				Recebermos			
Recebais				Recebêsseis				Receberdes			
Recebam				Recebessem				Receberem			

VERBO DIVIDIR

	VT	DMT	DNP		VT	DMT	DNP		VT	DMT	DNP
Id Pr				Id Pt_1				Id Pt_2			
Divido				Dividia				Dividi			
Divides				Dividias				Dividiste			
Divide				Dividia				Dividiu			
Dividimos				Dividíamos				Dividimos			
Dividis				Dividíeis				Dividistes			
Dividem				Dividiam				Dividiram			
Id Pt_3				Id Ft_1				Id Ft_2			
Dividira				Dividirei				Dividiria			
Dividiras				Dividirás				Dividirias			
Dividira				Dividirá				Dividiria			
Dividíramos				Dividiremos				Dividiríamos			
Dividíreis				Dividireis				Dividiríeis			
Dividiram				Dividirão				Dividiriam			
Sb Pr				Sb Pt				Sb Ft			
Divida				Dividisse				Dividir			
Dividas				Dividisses				Dividires			
Divida				Dividisse				Dividir			
Dividamos				Dividíssemos				Dividirmos			
Dividais				Dividísseis				Dividirdes			
Dividam				Dividissem				Dividirem			

Bloco 2

1. Identifique as formas primitivas das quais se derivam os tempos verbais:
   a) Paulo toca muito bem piano.
   b) Se você quisesse, passaria de ano.
   c) Lúcia estudava quando Mário telefonou.
   d) Maria casara cedo, constituindo logo família.
   e) Quando você escrever a carta, mande lembranças a Paulo.
   f) Ficarei aborrecido, caso não me telefones.
   g) Assustado com os assaltos, Marcos não sai de casa.
   h) Viver é muito perigoso.
   i) Procura teus amigos.
   j) Poderás participar do curso, se fizeres a reserva.
2. Preencha os espaços vazios, colocando os verbos indicados no tempo e modo exigidos pela estrutura da frase (apresente todas as alternativas possíveis, segundo o uso padrão):
   a) Duvido de que todos ________ dispostos a colaborar. (estar)
   b) Esperava que você ________ o que perdeu. (reaver)
   c) Se você ________ e a proposta ________ bem recebida, hoje ________ livres dessa obrigação. (intervir, ser, estar)
   d) Se ________ a palavra, ________ mais respeitados. (manter, ser)

e) Como não ______ outra alternativa, a polícia ______ os manifestantes. (haver, conter)

f) Se você ______ de tempo e ______ os originais, eles irão ao prelo ainda hoje. (dispor, rever)

g) Se alguém se ______ a criticar-me, deverá saber argumentar. (predispor)

h) Diante de tantos obstáculos, perguntei se não ______ a pena voltar. (valer)

i) Não acredito que ela ______ coragem de fazer tal coisa. (ter)

j) O Exército já ______ as armas, quando o inimigo ______ em massa. (depor, atacar)

k) Se nos ______ nesse assunto, ______ muito tempo. (deter, perder)

l) Enquanto ninguém ______ algo de novo, ______ a proposta estabelecida inicialmente. (propor, conservar)

m) Se ele ao menos ______ a confusão que iria dar! Mas não teve tempo para refletir: não se ______ e ______ na briga. (prever, conter, intervir).

3. Conjugue de acordo com o uso padrão, as formas verbais a ele inadequadas:

a) Quando ele nos propor novamente a venda, só aceitaremos se ele manter o preço anterior.

b) Quando você repor os objetos nos seus devidos lugares, avise-me.

c) Se ele se entretesse durante o exame, não responderia a nenhuma questão.

d) Quando você o rever, dize-lhe que lhe mando um abraço.
e) Felizmente, meu amigo reaveu os documentos perdidos.
f) A polícia deteu o assaltante.
g) Ele freiou bruscamente o carro.
h) Quem possui muitos bens pode ceiar fartamente.
i) Paulo e seu melhor amigo desaviram-se por questões políticas.
j) Não nos importaríamos com o trabalho, se dele provissem os necessários frutos.

4. Identifique e explique as irregularidades que ocorrem nos tempos verbais:
   a) Luísa quer independência.
   b) A mim me coube a sua indiferença.
   c) O choro reduz o sofrimento.
   d) Tu previste esse fato.
   e) Eu fiz o trabalho que você não fez.
   f) Despeço-me atenciosamente.
   g) Irás comigo ou vou sozinho?
   h) Tu me deste o anel.
   i) Aponde vossa assinatura ao contrato.
   j) Recomponha os fatos.
   k) Trarei os livros para você.
   l) Saiba Vossa Senhoria que...
   m) Ele foi aceito na corporação.
   n) Veja estas pinturas.
   o) Seja feita a tua vontade.

Bibliografia

AZEVEDO, M. M. *O subjuntivo em português*. Petrópolis: Vozes, 1976.

BASÍLIO, M. *Estruturas lexicais do português*: uma abordagem gerativa. Petrópolis: Vozes, 1980.

______. Pela não dicionarização de formas flexionadas. In: *Anais do V Encontro Nacional de Linguística*, PUC-RJ, v. 1, out. 1981.

______. Derivação regressiva: estudo preliminar. In: *Linguagens*, PUC-RJ, v. 1, n. 1, p. 19-30, 1982.

BECHARA, E. *Moderna gramática brasileira*. 19. ed. São Paulo: Nacional, 1973.

BLOOMFIELD, L. *Language*. Nova York: Holt, Rinehart and Winston, 1933.

BORBA, F. da S. *Pequeno vocabulário de linguística moderna*. São Paulo: Nacional/Edusp, 1971.

______. *Introdução aos estudos linguísticos*. 3. ed. São Paulo: Nacional, 1972.

CABRAL, Leonor S. *Introdução à linguística*. Porto Alegre: Globo, 1976.

CÂMARA, JR., J. Mattoso. *Dicionário de filologia e gramática*. Rio de Janeiro: J. Ozon, 1964.

______. *Princípios de linguística geral*. 4. ed. Rio de Janeiro: Acadêmica, 1972.

______. *Estrutura da língua portuguesa*. 5. ed. Petrópolis: Vozes, 1975.

______. *Problemas de linguística descritiva*. 9. ed. Petrópolis: Vozes, 1978.

CHOMSKY, Noam. *Aspects of the theory of syntaxe*. Cambridge, Mass.: MIT Press, 1965.

CINTRA, Anna M. M.; SOUZA-E-SILVA, M. C. P. de. Morfologia da língua portuguesa. *Revista da Universidade Católica de São Paulo*, v. XLIX, fasc. 97, 1979.

CUNHA, C. *Gramática de base*. Rio de Janeiro: Fename, 1979.

DUBOIS, J. et al. *Dictionnaire de linguistique*, 1973. Trad. brasileira. São Paulo: Cultrix, 1978.

DUCROT, O.; TODOROV, T. *Dictionnaire encyclopédique des sciences du langage*, 1972. Trad. brasileira. São Paulo: Perspectiva, 1977.

FREITAS, H. R. de. *Princípios de morfologia*. Rio de Janeiro: Presença, 1979.

GARCIA, O. M. *Comunicação em prosa moderna*. 7. ed. Rio de Janeiro: Fundação Getúlio Vargas, 1978.

LEPSCHY, G. *La linguistica struturale*. Torino: Piccola Bibl. Einaudi, 1966. Trad. brasileira. São Paulo: Perspectiva, 1975.

LUFT, Celso P. *Moderna gramática brasileira*. Porto Alegre: Globo, 1976.

MACAMBIRA, J. R. *A estrutura morfo-sintática do português*. Fortaleza: Impr. Univers. Ceará, 1976.

MALMBERG, B. *Les nouvelles tendances de la linguistique*. Paris: Presses Universitaires de France, 1966. Trad. brasileira. São Paulo: Nacional, 1971.

MARTINET A. *Elements de linguistique générale*. Paris: Armand Colin, 1960. Trad. portuguesa. Lisboa: Livraria Sá da Costa, 1964.

ROCHA LIMA, C. H. *Gramática normativa da língua portuguesa*. 17. ed. Rio de Janeiro: José Olympio, 1974.

SAID ALI, M. *Gramática secundária da língua portuguesa*. São Paulo: Melhoramentos, 1971.

SAUSSURE, F. de. *Cours de linguistique générale*. 4. ed. Paris: Payot, 1967. Trad. brasileira. São Paulo: Cultrix, 1969.

TRAVAGLIA, L. C. *O aspecto verbal no português*. Uberlândia: Universidade Federal de Uberlândia, 1981.

Símbolos e Siglas

SÍMBOLOS

. agramaticalidade

Ø A qualquer elemento não realizado

// para efeito de simplificação didática, a notação em barras foi usada para indicar morfemas, fonemas, alomorfes e grafemas.

SIGLAS

Id Pr	indicativo presente
Id Pt	indicativo pretérito
Id Pt_1	indicativo pretérito imperfeito
Id Pt_2	indicativo pretérito perfeito
Id Pt_3	indicativo pretérito mais-que-perfeito
Id Ft	indicativo futuro
Id Ft_1	indicativo futuro do presente

Id Ft_2	indicativo futuro do pretérito
Sb Pr	subjuntivo presente
Sb Pt	subjuntivo pretérito
Sb Ft	subjuntivo futuro
If	infinitivo
If_1	infinitivo não flexionado
If_2	infinitivo flexionado
Ip	imperativo
Gr	gerúndio
Pa	particípio
Pl	plural
P_1	primeira pessoa do singular
P_2	segunda pessoa do singular
P_3	terceira pessoa do singular
P_4	primeira pessoa do plural
P_5	segunda pessoa do plural
P_6	terceira pessoa do plural
CI	primeira conjugação
CII	segunda conjugação
CIII	terceira conjugação
DNP	desinência número-pessoal
DMT	desinência modo-temporal
DF	desinência flexional
VT	vogal temática

LEIA TAMBÉM

▶ DESVENDANDO OS SEGREDOS DO TEXTO

Ingedore G. Villaça Koch

7ª edição - 1ª reimp. (2011)
168 páginas
ISBN 978-85-249-0837-8

Nesta obra, examinam-se as atividades de referenciação e as estratégias de progressão textual, bem como os processos inferenciais envolvidos no processamento dos diferentes tipos de anáfora; os recursos de progressão, de progressão e continuidade tópica e o funcionamento dos articuladores textuais.

LEIA TAMBÉM

LINGUÍSTICA DE TEXTO E ANÁLISE DA CONVERSAÇÃO: panorama das pesquisas no Brasil

Anna Christina Bentes / Marli Quadros Leite (Orgs.)

1ª edição (2010)

432 páginas

ISBN 978-85-249-1626-7

Este é um livro de celebração e de homenagem. Celebração dos 25 anos de pesquisa do Grupo de Trabalho Linguística de Texto e Análise da Conversação. E homenagem ao Prof. Luiz Antônio Marcuschi. Sua leitura possibilita aos estudantes e professores de graduação e de pós-graduação em Letras e Linguística um panorama dos principais temas de pesquisa do Grupo. Apresenta breves análises de interações e de textos das principais categorias analíticas com as quais os pesquisadores vêm trabalhando ao longo desse período.

Impressão e Acabamento:
EXPRESSÃO & ARTE
EDITORA E GRÁFICA
Fones: (11) 3951-5240 | 3951-5188
E-mail: atendimento@expressaoearte.com
www.graficaexpressaoearte.com.br